PETIT DÉCODEUR ILLUSTRÉ DES PARENTS EN CRISE

圖解伴侶的衝突小劇場

圖解伴侶的
衝突小劇場

自我診斷婚姻關係與家庭相處的難題，
用正向溝通打造神隊友，化衝突為重修舊好的契機

著 **Anne-Claire Kleindienst**
安─克萊兒·克蘭迪恩

繪 **Lynda Corazza**
琳達·柯瑞芝

譯 彭小芬

目錄

Part 1 考驗篇

本書是我們針對家庭中人際關係的品質，撰寫的系列作品中的第三本。

第一本書中，我們關注的對象是孩子，試圖解析他們的每一個失控時刻；第二本書我們順理成章地把好奇心轉移到青少年，以及他們難對付的行為上，而且書中有相當多的篇幅是在解析父母的態度與反應。

在這個系列中，我們探討的主軸必然是同一個家庭中不同成員之間的關係，理由是家庭是學習共同生活最初始的地點。

我們採用的手法，是挑出一些日常生活中的困境與挑戰，先以稍微誇張的方式去「咀嚼」它們，再提出幾個基本觀念來釐清這些困境與挑戰的形成原因。我們的最終目標，是找出一些方法來改變那些會破壞關係的行為，使家人之間的關係變成更激勵人心的一股力量。

這個系列的創意就在於善用視覺資源，使內容更容易理解。我們希望書中對於主題的分類，以及頁面的呈現方式，能使讀者更快速而容易地閱讀他們所感興趣的主題。

在這部最新的作品中，我們關注的對象是身為父母的伴侶。然而這對伴侶不僅僅是父母，也是夫妻。

這本書最主要的概念就是：家庭以父母這對伴侶為核心，而父母這對伴侶則是以夫妻為核心。的確，家庭成員彼此之間的關係，都是從這兩個人的關係衍生出來的。

身為父母，有許多基於父母職責所在必須做的事，也會收到許多如何當個好父母的建議和勸告。

對伴侶而言，生孩子跟負責任是同等重要之事。然而，哪一個部份才是真正屬於伴侶之間的兩人關係，那無比珍貴、既強大卻又不堪一擊的關係？

從哪一個時刻開始，伴侶關係被視為資源供應中心，可以一起補救傷害，解決困難，接納差異，發展互補性，同心協力互相支援以求取勝利，啟動同盟關係……

這本書依循與前兩部作品相同的形式，打算以四個章節的篇幅來探討一對父母和夫妻所面臨的種種考驗。

● 從〈我們到底怎麼了？〉這一章看到新手父母的處境。我們可以充分體會在這個階段，維持關係的平衡是一件相當棘手的事；這段期間，每一對伴侶各自經歷到的種種事件，將會逐漸形成兩種困境：

　‧ 經歷重大的改變，脫離理想美好、難分難捨的階段，花了一段或長或短的時間才克服幻想破滅，接受對方既不能滿足我們所有的欠缺，也無法治好我們所有的傷痛。

　‧ 經歷重大的改變，在生活中必須承擔的工作或家務責任越來越多，使得伴侶雙方（以及彼此之間的關係）都感受到緊張與壓力。
　　在這個階段，伴侶各自為了尋求自己的定位，引發了對抗和爭奪主導權，必然使兩人的關係面臨考驗。

● 在〈我們意見不合而且各行其是〉這一章，探討的是父母意見不合所帶給孩子的不良影響，尤其是使他們夾在中間左右為難。我們強調的是，要設法協調彼此的意見，就像樂器必須先調音才能合奏出和諧的樂曲，父母也要找出對雙方而言都行得通的約定協議。在這個階段，要容許對方有跟自己不一樣的權利，也要接受彼此的意見不同。

● 〈我們失職，孩子不安〉這一章檢視的是父母親的罪惡感，大人由於自己的失職造成孩子的不安，而且某些失職舉動確實造成了不良影響。這裡並沒有要責怪誰，但是父母應該打起精神，共同關注孩子的狀況，找回親子關係中的平靜與安全。

●在〈我們之後會怎樣？〉這一章，隨著這對伴侶的生活改變，加上面臨其它的考驗，婚姻關係中某些以往被忽略的病症也開始顯現。如果伴侶彷彿還活在過去的習性裡，沒有提出新的想法，也沒有在擔任父母角色的同時為夫妻生活保留一些空間……值得注意的是，這裡所指的病症，未必是在孩子長大離家後才會出現，有可能更早，甚至在伴侶關係一開始時就有跡可循。

如同所有的病症一樣，我們可以希望它們消失，例如以投藥的方式治療，也可以找出致病的原因，這樣才更有機會讓關係回復良好與完整的狀態，並且能長久維持下去。

●〈如果未來的路，我們要攜手同行〉延續前四章的路線，搭配一套涵蓋溝通、呼吸、放鬆、按摩等技巧的實用工具，可提供父母作為參考，幫助他們維繫長久的關係，真正掌握伴侶、親子與家人之間相處的藝術。

這些技巧和活動，是我們收集整理的一些資源和工具，可以使家裡的每個成員，能夠調控自己的能量和情緒，多種方法一起使用，效果更佳。

這本書的內容乍看有一點嘲諷和幽默，其實它比表面上讀到的更紮實深刻。因此我們希望你閱讀的時候要有耐性和恆心，給自己留一點餘裕，不要只看到字面上的意義。書中的這對伴侶與父母的心路歷程是值得再三回味的。

事實上，婚姻與家庭關係根本沒有什麼魔法，因為一切都來自於真正下定決心去嘗試，願意相信這麼做是值得的，有恆心去維持一定的紀律，能夠接受事情不會一直進展得這麼順利。

然而，當我們感到氣餒、陷入低潮時，這一切我們都做不到。因此在人際關係上遇到的困難愈大，對外尋求支援就愈有其必要性。不肯對外求助的理由，正好是本書第124頁的主要內容。

挑選婚姻與家庭諮商師、或者伴侶關係治療師，對你來說或許是一件麻煩的事，但是這麼做絕對值得，尤其是當我們發現，這本書中的建議有趣但是無法落實，或者看起來高明但是不夠用。這一切都跟情緒有關，其中大部分是在很久以前就深埋在我

們的心中。

　　在這種時候，自己也需要努力；經營伴侶關係，其實就是兩個人聯手擺脫某些有害的依附關係。這必需仰賴雙方各自努力，也需要兩個人同心協力。為了讓關係能夠去蕪存菁，而特別付出心力是值得的，因為在愛情的神奇配方當中，本來就包含「怨恨」這項危險的成分。

　　清理後的伴侶關係若要能常保活力，我們就必須動用到手中所有的資源：同理心、善意、為他人著想、請求原諒的能力、想要補救的自然需求、耐心、緩和情緒的技巧，以及成為一個對自己和對方來說都派得上用場的人。

　　好消息是，這些都是我們每個人與生俱來的能力，只要再次啟動它們就行了！

從前

後來

搞什麼啊！我一直跟孩子們說不要在沙發上吃東西，你卻吃得到處都是碎屑！

從前

後來

從前只有兩個人，開始交往以來，似乎一切順利。
後來孩子出生了，兩人的關係也受到衝擊。然而，孩子真的是唯一的因素嗎？
先來看看組成一對伴侶之後會發生什麼事……

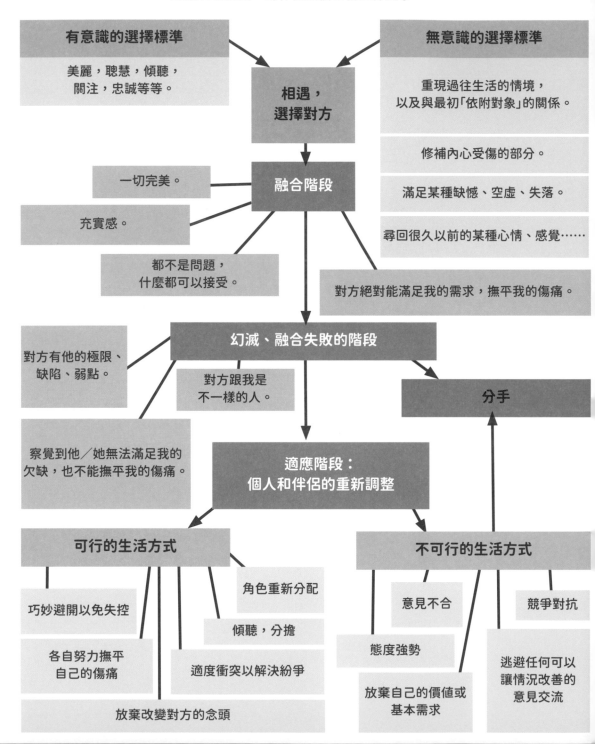

伴侶之間，彼此的生活思維必然不同，這其實是好事。
但我們難免會期望對方按照自己的方式去感受、去思考、去做決定……

在成為伴侶的過程中，別忘了各種背後的因素也很重要：

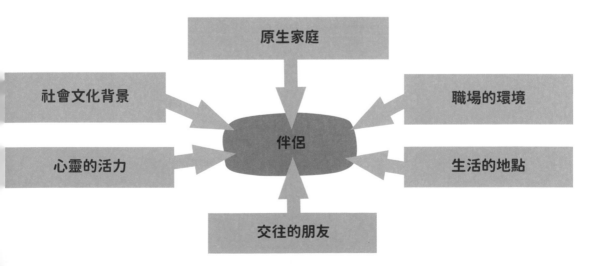

當我們尚未進入，或者依然處於前一個圖表所描述的適應階段時，
孩子們加入了我們的生命歷程。
我們剛開始穩定下來的脆弱平衡，又因此而天翻地覆。

事實上，隨著孩子們的來臨，人際關係的系統會變得更複雜。

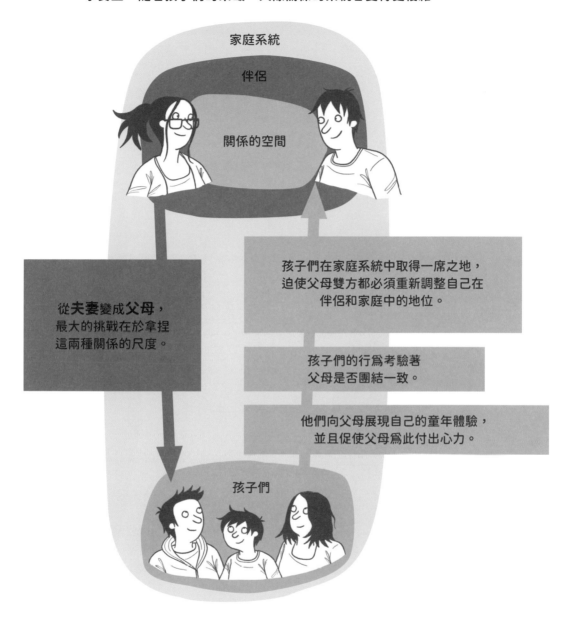

家庭系統

伴侶

關係的空間

從**夫妻**變成**父母**，
最大的挑戰在於拿捏
這兩種關係的尺度。

孩子們在家庭系統中取得一席之地，
迫使父母雙方都必須重新調整自己在
伴侶和家庭中的地位。

孩子們的行為考驗著
父母是否團結一致。

他們向父母展現自己的童年體驗，
並且促使父母為此付出心力。

孩子們

在這個感受強烈而且敏銳的家庭系統之中，我們更容易理解伴侶關係為何如此重要。

在這個關係空間內，在伴侶之間，能夠做到的是：

為了伴侶和家庭，去修補、解決、調整、重新界定、找回平衡，
以及建構未來。

嫉妒對方有喘息的時間

日常生活因為工作、與伴侶相處、擔任家長的角色而忙碌不堪,有多少時間可以留給自己?
當對方竟然安排得出來自己所需的喘息時間,想要不嫉妒實在很難。

這時候會表現出哪些行為？

忌妒自己的伴侶。	互相**比較**，希望對方的行動或反應跟自己一樣。
不傾聽或照顧自己的**需求**，而且不承認對方有權利照顧他自己的需求	承受壓力的伴侶會**強化彼此之間的差異**：有的人縮小自己的需求（自我壓抑），也有的人放大自己的需求（要求對方配合）。

那麼，如何在互相尊重的前提下，處理各自不同的需求？

與自我和自己的情緒重新連結。

我有什麼感覺？

這樣更容易認清自己的需求。

我需要什麼？

我想休息，我想發洩⋯⋯

創作，讓自己放鬆，證明自己，靜下心來思考⋯⋯

哭出來，得到安慰，有人幫我分擔⋯⋯

獲得幫助，感受到溫情

我需要獨處嗎？

理解並承認對方**跟我不同**

接受他的需求跟我的需求不同

別忘了一個人的自由不可以牴觸另一人的自由

放棄掌控對方的想法

學著讓自己受到對方的尊重

彼此**分工合作**

分配家務時，要清楚註明各自的時間，好讓每個人能自行妥善安排，即使伴侶不在家也一樣。

要考量到每個人都需要自己的喘息時間，但是放鬆的方式必定不同。

記得要互相感謝對方主動伸出援手。表達謝意可以讓伴侶的感情更好。

謝謝你讓我有喘息的時間！

我覺得好多了。

下次換你休息！

我做得愈多，其他人愈少動手。
就算我生氣罵人，提出要求，根本沒有用，大家都把工作推給我。
不只是我的伴侶，連孩子們也一樣！

---

* ｜ 這幅漫畫符合某種刻板印象，因為根據統計，面臨這種問題的主要還是女性，當然反過來也是有可能，而且無論如何，問題是我們該
如何妥善地分配家務。

這種孤單的感覺是怎麼來的？

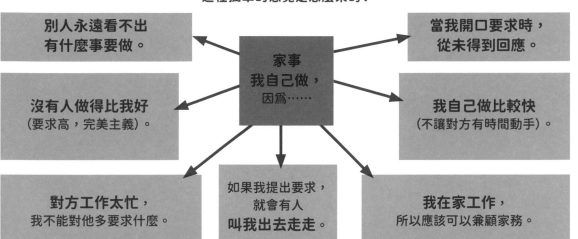

別人永遠看不出
有什麼事要做。

沒有人做得比我好
（要求高，完美主義）。

對方工作太忙，
我不能對他多要求什麼。

如果我提出要求，
就會有人
叫我出去走走。

我在家工作，
所以應該可以兼顧家務。

家事
我自己做，
因為……

當我開口要求時，
從未得到回應。

我自己做比較快
（不讓對方有時間動手）。

以下有幾個改善的方法不妨在伴侶或家人身上試試看：

專注在需求上。

今天晚上招待朋友，事前要花很多功夫收拾整理。
這是工作項目清單，誰來負責做什麼？

注意你提出的要求，
必須要明確，有特定的目標。

我希望廚房能在今天晚上整理好，
也就是流理臺清乾淨，碗盤洗好。

不必為了一再提出要求而沮喪，
儘可能保持平靜、鼓勵的口氣。

你可以用吸塵器
清一下你的房間嗎？

對方的事就讓他自己去處理，
不必覺得你該負責。

我把我的衣服燙好了，
你的部分就留給你了！

允許對方把事情做到最後一步，
讓他自己去理解工作上的需要。

如果他必須晾乾衣服之後再燙衣服，
就更容易理解為什麼需要好好把衣服拉平，
晾乾之後才不會皺，可減少燙衣服的麻煩。

讓對方有時間學習，
而且寬容一點，
熟練是需要時間的。

我當然希望床單鋪得更完美一點，
不過這樣就夠了。

他／她對工作太投入

當其中一個人的工作量很大，對於伴侶相處和家庭生活都會造成衝擊，
這種情況就需要去調適了……

若不想抱怨指責，設法理解發生了什麼事，就會很重要而且是有趣的。

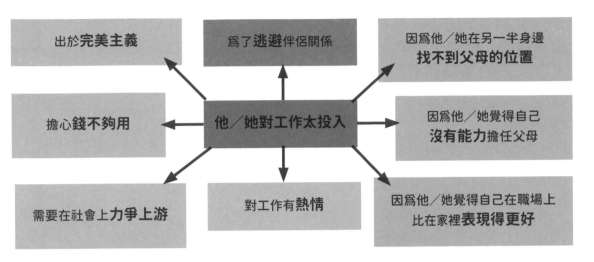

出於**完美主義**	**爲了逃避伴侶關係**	因爲他／她在另一半身邊**找不到父母的位置**
擔心**錢不夠用**	他／她對工作太投入	因爲他／她覺得自己**沒有能力擔任父母**
需要在社會上**力爭上游**	對工作有**熱情**	因爲他／她覺得自己在職場上比在家裡**表現得更好**

當其中一人有這種想法，不妨兩個人一起問問自己：

我們現在的情況意味著什麼？

這樣會產生什麼後果……

對於我們倆人來說？

對於孩子們來說？

對於我們的家庭生活？

就我們已經了解的問題，我們可以做哪些安排？

由於過度投入工作的理由不同，解決的方法也不一樣。

接受對方對工作過度投入（無論他的理由是什麼），但要花心思使難得的共享時刻更有品質。

改善伴侶之間的問題。

你這段期間對工作非常投入，是不是對家裡有什麼地方不滿意？

我知道你這星期非常忙，但是我真的很希望我們能夠找出相聚的片刻。

即使對方很投入工作，也要讓他真正有機會扮演父母的角色。

如果今天晚上讀床邊故事的是你，我想孩子們會很高興。

我都不知道，
你應該早一點跟我說！

如果你有告訴我，
我一定會記得！

可是，
我早就告訴過你了！

我當然有告訴你，
可是你從來不聽我說話！

誰不會有過這種對方不聽我說話的感受……
覺得自己沒有被傾聽，理解，附和？
兩個人的其中一人發出訊息，對方沒有接收到，
或者接收到的訊息被扭曲了，回應的方式也不符合期待。

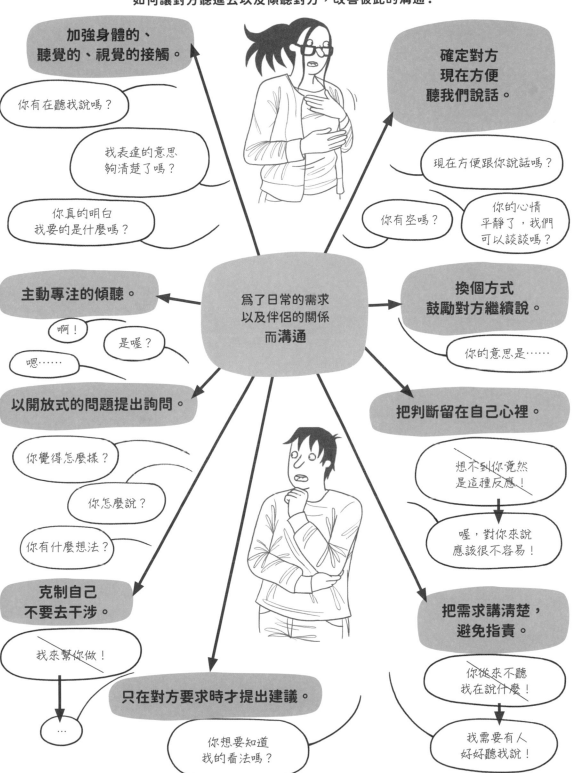

以前還沒有孩子的時候，我們會交換彼此的想法，自在地聊天，不受干擾，話題不斷。
自從孩子出生了，我們的話題就只繞著他們轉……
實在不怎麼詩情畫意，內容也稱不上精彩，有時候甚至有點無聊瑣碎！

為什麼孩子的生活佔據了所有的話題？

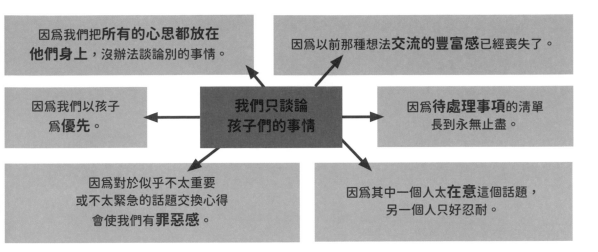

因為我們把**所有的心思都放在他們身上**，沒辦法談論別的事情。

因為以前那種想法**交流的豐富感**已經喪失了。

因為我們以孩子為**優先**。

我們只談論孩子們的事情

因為**待處理事項**的清單長到永無止盡。

因為對於似乎不太重要或不太緊急的話題交換心得會使我們有**罪惡感**。

因為其中一個人太**在意**這個話題，另一個人只好忍耐。

那麼我們可以怎麼做？

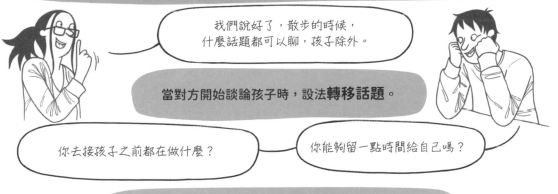

先從建立關係的空間開始，即使時間短暫，我們要**克制自己談論跟孩子相關的話題**。

我們說好了，散步的時候，什麼話題都可以聊，孩子除外。

當對方開始談論孩子時，設法**轉移話題**。

你去接孩子之前都在做什麼？

你能夠留一點時間給自己嗎？

選擇一種有利於兩人獨處的模式

在家裡：聽音樂，用心準備的大餐，愉悅的氣氛等等。

在外面：兩人上餐廳、在大自然中散步，探索新的地點，兩人開車出遊

渴望跟對方分享與自身相關的事，能夠接住跟對方相關的話題(與孩子無關!)

我想跟你說我在工作時很在意的一件事。

我一定要告訴你今天早上……

只有我們兩個人過日子的時候，錢怎麼花總是好商量，
但是當我們進入父母模式，必須承擔的責任使得這件事變得緊張，
彼此的性格差異也開始浮上檯面。

根據下列的情況做出區隔

其中一人沒有收入（家庭主婦或主夫，只有當志工）。	其中一人的收入比另一人**高出許多**。	其中一人或兩個人的收入都**不穩定**（兼職演出、自由接案等等）。
兩人收入**相當**。		

此外，我們與金錢的關係要看的是：

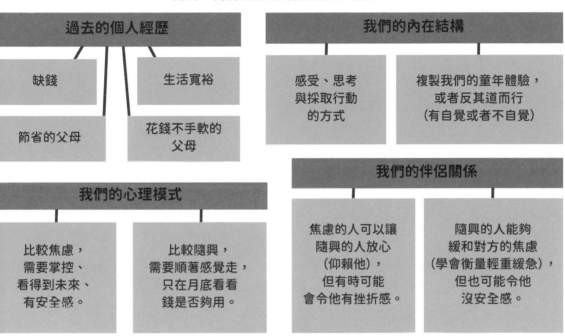

過去的個人經歷

缺錢

生活寬裕

節省的父母

花錢不手軟的父母

我們的內在結構

感受、思考與採取行動的方式

複製我們的童年體驗，或者反其道而行（有自覺或者不自覺）

我們的心理模式

比較焦慮，需要掌控、看得到未來、有安全感。

比較隨興，需要順著感覺走，只在月底看看錢是否夠用。

我們的伴侶關係

焦慮的人可以讓隨興的人放心（仰賴他），但有時可能會令他有挫折感。

隨興的人能夠緩和對方的焦慮（學會衡量輕重緩急），但也可能令他沒安全感。

所以我們可以怎麼做？

定期檢討家庭預算（或者當有一方提出要求時就這麼做），列出固定開支的明細以及每月收入的金額。

把帳目交代清楚，才能客觀衡量財務狀況。

討論家庭的財務狀況時一定要**心平氣和**，才能避免這種交換意見所導致的情緒失控。

當我們變成父母時，**不要低估**這種財務問題所帶來的壓力。

承認這種事情需要長時間的調整適應，**不可能一次就解決**所有的問題。

對方的某些人格特質或者作風，我們一開始是喜歡的，
然而時光流逝，經歷過家庭生活的現實之後，我們就無法忍受了。

比方說，哪些特質？

以前我喜歡	如今，我的感覺是
他的獨立。	他對孩子的教育不投入，無法忍受規範。
他的波西米亞作風，生命中有愛情和清水就足夠。	他不能滿足家人的需求，對於自己該做什麼沒有具體的想法。
他的聰慧。	他對孩子要求太嚴格，訂的標準太高。
他做事超級有條理，嚴謹，有掌控能力。	他跟小孩相處時緊張兮兮，不知變通。
他懂得享受人生，很會找樂子。	他不常在家，狂歡過後總是一身狼狽。
他精力充沛。	他讓其他人很累，疲於奔命。

我們可以怎麼做？

要記得**我們無法改變對方**。
他必須自己扛起適應和改進的責任。

開口表達自己的感受，自己的需要，
而且提出的訴求要清楚才會有比較好的回應。

引導對方開口**討論**，
先輪流分享對於彼此的欣賞之處，
然後說明自己面臨的困難。
剛開始做這種事似乎有點尷尬，但是結果將會非常有幫助。

我欣賞你的地方是……

對我來說比較困難的是……

你讓我喜歡的地方是……

我覺得比較難以接受的是……

35

我們毫無道理地指責對方

我受夠了！你這個人總是每件事都要管！

開什麼玩笑，我每件事都要管？

我喜歡驚喜……每件事都要管的人是你吧！

人類這種喜歡互相指責對方的傾向，
真奇怪啊……

這可能是什麼狀況？

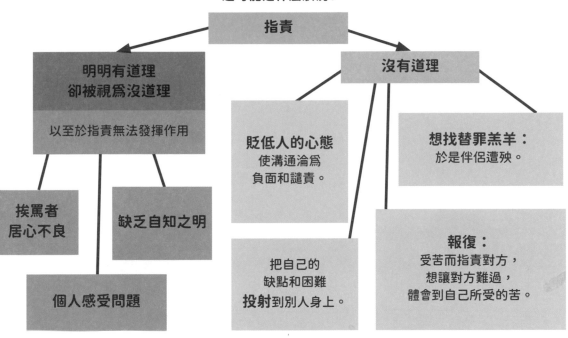

該怎麼做？

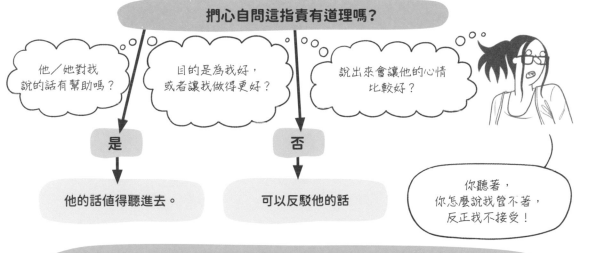

基本上對兩個人都有好處，形式上卻適得其反，
這種時候就要回歸到「非暴力溝通」*的基本原則：
話裡的主詞是「我」，我說我的感受，我表達我的需要，我提出清楚的訴求。
也就是說，**話語的內容必須是可接受的。**

即使伴侶之間需要**不斷地調適**，如果能夠不指責對方，調適的效果會更好。

從當初相遇時的興致勃勃，到如今的死氣沉沉，這中間究竟發生了什麼事？我們各自的遭遇，和夫妻的共同生活出了什麼問題，使得我們無法順利地重拾性生活？

我們來設想一下其中一人，甚至是這兩個人遇到了什麼狀況……當然可能性有無限多種。

筋疲力盡，性慾減退，
覺得性關係耗費能量而不是帶給人活力。

太忙碌，沒有在想這種事。

壓抑：喜歡什麼、
不喜歡什麼都不敢說出口。

遭到背叛，婚外情侵害了伴侶的私密空間。

對方的吸引力**不如以往**，
自然就變成這樣了。

心靈受過傷，
童年時期的創傷再現（性侵、虐待……）。

無趣，性生活變成例行公事，
提不起興致。

太投入母親的角色，在伴侶的眼中失去女性的身分。

在言語上**受過傷害**
（有自我封閉的傾向）。

幼兒化：沒有身為男人的自覺，把伴侶視爲母親
（反之，如果她把伴侶當成孩子，就無法對他產生慾望）。

持久自在的伴侶生活仰賴和諧的性關係：

這是重新**連結**、**彌補**甚至**療傷**的好機會。

一般的身體關係，尤其是性關係，
是人際關係中**最精華的部份**……卽使隨著年紀增長，
這方面的重要性可能會下降一些。

身體不會說謊。不帶有慾望，
或者未經調適的性愛無法持久。

爲了找回愉悅的性生活，我們可以怎麼做？

要意識到當對方拒絕時（消極或積極抗拒），他的封閉可能是**關係出問題**的警訊。

放下我們的罪惡感或是對於伴侶的厭惡，看清楚哪一個部分是我們自己的責任。

認眞面對自我和自己的過往（從前的經歷，心靈創傷，身體記憶，文化，家族系譜等等。）

開啓一個**交換想法的空間**，認眞解決各種不利於和諧性關係的人際關係困擾。

選擇好的時機來談這種事。

透過書寫交換想法。

尋求專業人士的協助。

把話說清楚，或者透過動作，
讓對方明白我們的需求。

透過遊戲來開啓話題。

找回溫柔的動作、按摩、觸摸，先不要懷著更進一步的企圖。

我們會因爲自己展現了才華，在工作上取得成就，享受到一段美好時光，
或是某個成功的教養經驗而感到開心。

想要爲對方開心，就必須先善待自己。
究竟是什麼原因使得對方無法向我們釋出善意，或者倒過來，
爲什麼我們無法向對方釋出善意？

這種有所保留的態度是怎麼來的？

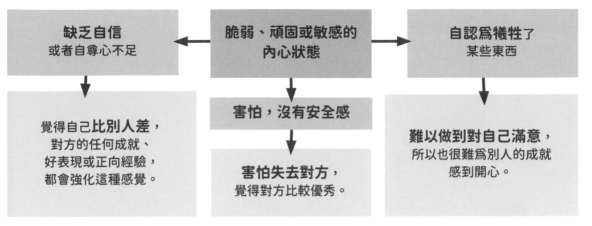

缺乏自信
或者自尊心不足

**脆弱、頑固或敏感的
內心狀態**

自認為犧牲了
某些東西

覺得自己**比別人差**，
對方的任何成就、
好表現或正向經驗，
都會強化這種感覺。

害怕，沒有安全感

害怕失去對方，
覺得對方比較優秀。

難以做到對自己滿意，
所以也很難為別人的成就
感到開心。

有什麼解決之道？

跟對方**口頭討論**這個問題。

我注意到上一次，
你看起來並沒有為我感到高興……

當我完成某些目標時，
真希望你能為我感到開心……

試著不把這件事**怪到自己頭上**。
無法感到開心是對方的問題。

盡可能成為一個有安全感的人，
有機會的話就**為對方感到開心**，
賭他多多少少會禮尚往來。

這個計畫真的很讚，
你可以為自己驕傲！

試著**自己感到驕傲**、滿足、開心，不期待對方的感謝或認可，
他還沒有做好心理準備……暫時還沒有！

誰不曾有過這種經驗，看到伴侶心不在焉或者活在自己的世界裡？
我們有可能人在身邊，但是心思沒有放在這段關係上⋯⋯

這看起來像是什麼情況？

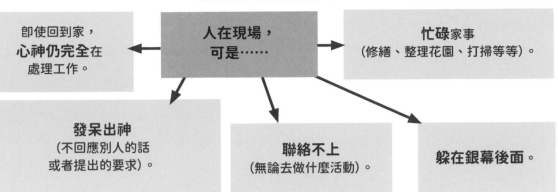

即使回到家，**心神仍完全**在處理工作。

人在現場，可是……

忙碌家事（修繕、整理花園、打掃等等）。

發呆出神（不回應別人的話或者提出的要求）。

聯絡不上（無論去做什麼活動）。

躲在銀幕後面。

有什麼辦法可以跟他重新連結？

找出可以讓伴侶和家人之間重新連結的**錨定點**。

安排一個可以跟孩子同樂而且不受干擾的特定時段，要有開始和結束的時間。

安排某個對方喜歡的活動，盡可能抓住他的注意力。

上次你說的那部電影，要不要帶孩子們一起去看？

我去逛街，等散場之後再跟你們會合。

製造**驚喜**，為日常生活增添樂趣，使人更想要參與其中。

在非節慶的日子，為家人準備與平常不同或者更豐盛的餐點。

安排一場完全不一樣的兩人約會（不同的日子、模式、地點等等）。

留給彼此或者對方必要的**休閒時間**，之後他／她比較願意把心思放在家人身上。

找出適合自己的休閒方式，同時兼顧伴侶和家人的健康。

能夠照顧好自己的人，才能照顧好別人。

自己容許的事，也會同意伴侶這麼做，並且承認適合某個人的模式未必適合另一個人：重要的是找出對雙方而言都可行的作法！

伴侶之間的意見不合，這是好事……身為人類必然有所不同，
所以對某些事有歧見並不是什麼問題。

如果意見不合不是問題，
問題其實是出在無法達成共識。

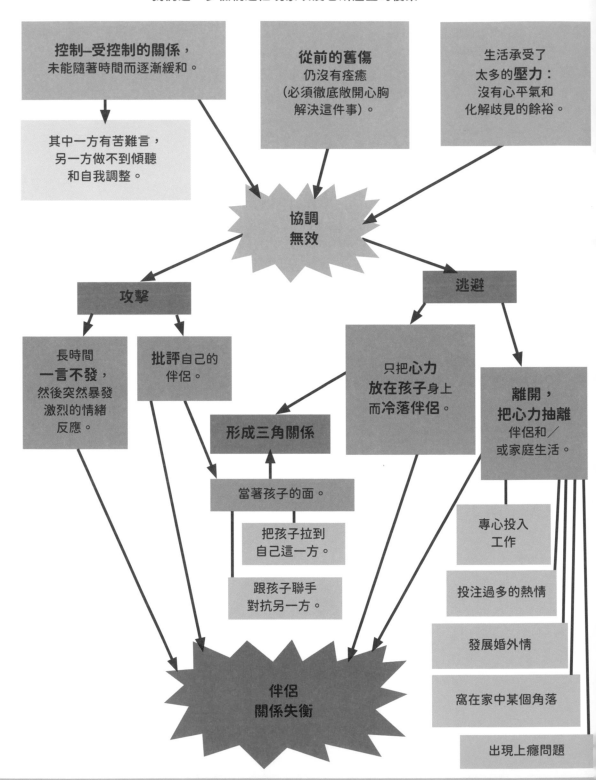

當我們知道問題出在哪裡，關係就比較容易維護。但是，該怎麼做？

如果我們多多少少還是相愛的，要記得回想這件事，
而且說出來！這可以讓我們的關係重新站穩腳步，
有了堅固的基礎，才能平平安安地**解決伴侶和親子之間的問題**。

採行這條適用於伴侶和家人的金科玉律：
同意彼此之間可以意見不同。

試著跳脫「**誰有理、誰不對**」的思考方式，只要去關注每個人如何感受、思考、行動。

把精力花在**尋找解決的辦法**上，而不是找出犯錯的人並且指控他。

立場要一致，兩個人**共同解決問題**，而不是互相對立，認為問題出在對方身上。

為了更順利與對方連結，**先與自我連結***
（適用於任何情況，不只是面臨危機的時候）。

記得要**強調**對方的優點。用正面的話灌他迷湯，可以使他成長茁壯！

* | 編按：請參考本書頁146。

我們無法共同採取堅定而溫和的立場

我們的信念造成彼此的對立，而不是互助合作。
精力都消耗在彼此對抗而不是一起向前。

放任父母的教養方式互相矛盾會有哪些風險？

因為試圖找回平衡
而筋疲力盡。

↓

其中一方愈霸道，
另一方就愈**悲觀**。

→

孩子們會攻向**父母的弱點**。

↓

父母愈來愈**守不住立場**。

↓

伴侶間的**默契
被破壞**。

→

家裡的**氣氛變差**。

**有什麼辦法可以整合
雙方各自展現的堅定與善意？**

花時間讓彼此的教養方式與生涯規劃**更加一致**
（獨自、或兩個人一起尋求協助，例如親職工作坊和／或婚姻諮商）。

接受差異，承認問題在於如何**找出**對孩子有益的**互補方式**。

一起找出希望能夠由兩人**共同克服的難關**，
思考要以什麼樣的態度去遵循不同的教育方針。

對我來說，
重要的是孩子們
在任何情況下都帶有尊重。

至於我，
希望他們養成
認真努力的習慣，
要有自主性。

要知道**堅定**跟**溫和**同等重要，而且兩者**密不可分**。
伴侶中的每一位成員愈能夠具備這兩項特質，
對於父母和孩子愈有好處。

從微不足道的小事到嚴重大事，人際關係之中充斥著批評。
這些批評儘管受到容忍（或只是引來軟弱的抗議），
卻已經在伴侶和家庭中落地生根，之後要清除就比較困難了。

這些批評可能是

直接的	間接的
直接說給對方聽	說給孩子聽

你就不能
小心一點？

真是的，
被你搞砸了！

你老爸
真的很自私！

你媽什麼
都不懂！

**使親子三方之間的關係逐漸惡化，
還會被仿效**
（如果孩子看到父母這麼做，
這很可能成為他們的溝通模式）。

伴侶關係越來越差

人不可能一直委屈自己，或者完全保持沉默。
如果對方令我們不滿、擔憂，或者心灰意冷，一定要把這種感受表達出來！

如果是不可抗力的事件，應該在伴侶之間解決，
避免讓孩子看到或聽到。

跟對方說話時應秉持「**非暴力溝通**」*的基本原則。

我的感受是，
對我來說很難受的是
（跟你的行為有關）……

我需要的
是……

我尋求的是，
我期待的是……

如果有滿腹牢騷想要發洩，不要說給自己的孩子聽，去找一個外人傾訴；
心理治療師、朋友、兄弟姊妹、或者另一位家庭成員……找誰都好！

放下部分期待：當我們放手時，事態往往會自行好轉。
反之，碰上最基本的道理時要**堅持下去**，這麼做是值得的。

＊│非暴力溝通(請參考本書頁152)

當對方不管教孩子，當他在逃避，
當他無法做到我們希望他盡的責任，的確會令人感到失望，甚至憤怒。

不過，這可能是什麼原因？

| 害怕自己
不是好父母。 | 逃避
自己的責任。 | 老覺得做不好，
自己對自己吹毛求疵。 |

| 灰心喪氣，
付出心力讓人疲憊
而非充滿活力。 | 藉由**工作和責任**
來逃避。 | 覺得自己無法勝任的**惡性循環**：
孩子們要的是父母之中
讓他們比較安心的那一個。 |

問題是有必要知道

如果自己處於下列的立場……

| 自己 | 對方 | 孩子們 |

我需要更多
屬於自己的時間，
我需要感覺有人
支持我……

我覺得花更多時間
和孩子相處對她來說
也有好處……

他們值得擁有
父母雙方更均衡的
付出……

那麼，想清楚之後可以怎麼做？

注意已經做到和值得稱讚的部分，
而且要這麼想，當我們更常鼓勵，就有可能使對方的表現變得更好。

要記得情況是會改變的：
有些人擅長照顧幼兒，有些人等到孩子能夠與人對話並接受教導之後，
就會開始認真做個好父母。

出發點是**尋找解決的辦法**，而不是究責的對象。

把心思放在**提出清楚、目標明確而且做得到的要求**上。

對於對方承擔教養責任的能力，應該**更有信心**才對。

他／她花太多心思在孩子身上
而冷落我

當我們成為父母，每一項改變都是非比尋常……
風險就是兩人之間的關係失衡，
其中一方花太多心思在孩子身上，使另一方對孩子付出得不夠。

這樣的關係失衡會引起哪些問題？

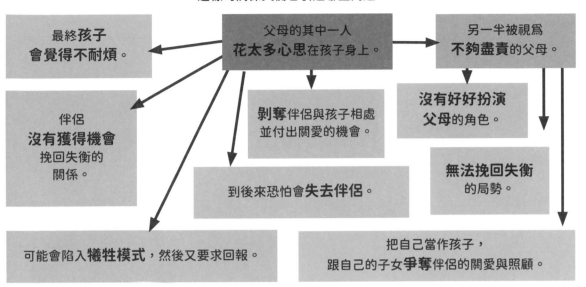

最終**孩子**
會覺得不耐煩。

父母的其中一人
花太多心思在孩子身上。

另一半被視爲
不夠盡責的父母。

伴侶
沒有獲得機會
挽回失衡的
關係。

剝奪伴侶與孩子相處
並付出關愛的機會。

沒有好好扮演
父母的角色。

到後來恐怕會**失去伴侶**。

無法挽回失衡
的局勢。

可能會陷入**犧牲模式**，然後又要求回報。

把自己當作孩子，
跟自己的子女**爭奪**伴侶的關愛與照顧。

改變的途徑有哪些？

把問題拿到檯面上，從高處綜觀全局，把注意力集中在關係空間所發生的狀況：

我有觀察到……

我覺得自己……

我擔心的是……

你在晚上、周末的時候
花很多時間陪伴孩子。

被丟在一旁，
沒有那麼重要，沒用處，
彷彿不存在。

我們兩個已經
找不回過去的感覺，
我們正在失去彼此，
我們不像從前
那麼相愛……

讓對方有機會找到自己的位置，
表達自己的想法，說出自己的感受，以及自己想要什麼。

一起找出改變作風的方法，期待這個方法會更好，
而且接受任何嘗試未必在第一次就能百分之百判定好壞。

雙方各自努力找出導致目前這種局勢的深層原因：
爲什麼對方會爲了孩子而輕忽伴侶關係？

他／她和孩子聯手對付我

跟孩子聯手，讓對方知道自己的想法，這是最「溫和」的手段了。
不過你們的同盟關係已經出現不穩定的跡象，
因為跟伴侶沒辦法商量，需要依靠孩子來化解歧見。

比較棘手的狀況是，父母其中一人向孩子透露一些訊息，
迫使孩子不得不介入，但這明明不關孩子的事，他也沒有立場這麼做。

讓我們來檢視同盟關係的現況：

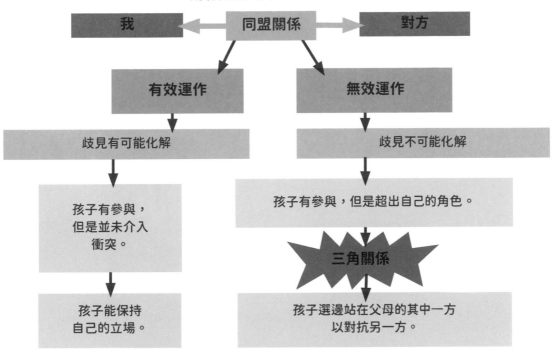

```
          我  ←——  同盟關係  ——→  對方

      有效運作                      無效運作

    歧見有可能化解                歧見不可能化解

    孩子有參與，              孩子有參與，但是超出自己的角色。
    但是並未介入
    衝突。
                                   三角關係

    孩子能保持              孩子選邊站在父母的其中一方
    自己的立場。                以對抗另一方。
```

如果發生這種現象，我們可以怎麼做？

理解這種三角關係將使伴侶和家庭**無法正常運作**。

由於在兩人之中，造成三角關係的一方不會意識到這一點，因此必須由另一方**發出警訊**，並且優先解決這個問題。

你自己去跟媽媽說！

現在是爸爸有話想跟我說，你不必回應這件事。

我們討論的時候你不必加入，我們兩個自己會解決。

事態發展至此，已經是其中一方無法跟另一方有效溝通的**挫折警訊**。對於這項警訊最好不要掉以輕心。

聽我說，我有警覺到你利用孩子來質問我。我們兩人能不能試著自己來商量這件事？

無論診斷的結果是什麼（資優、ADHD〔注意力不足過動症〕、閱讀障礙、某種類型的自閉症等等），
當這個消息宣布時，父母和家人都會為之動搖。
重要的是，要學著接受每個人面對這種事情的態度都不一樣。

伴侶爲什麼難以面對診斷的結果？

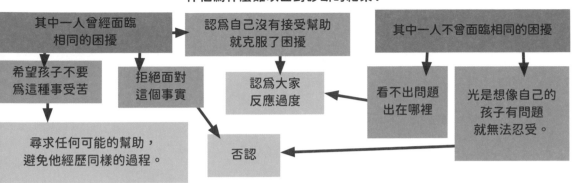

其中一人曾經面臨
相同的困擾

認爲自己沒有接受幫助
就克服了困擾

其中一人不曾面臨相同的困擾

希望孩子不要
爲這種事受苦

拒絕面對
這個事實

認爲大家
反應過度

看不出問題
出在哪裡

光是想像自己的
孩子有問題
就無法忍受。

尋求任何可能的幫助，
避免他經歷同樣的過程。

否認

困難不止於此，
關於治療的建議也會引發父母意見不合。

關於優先接受
哪一種治療

關於一星期治療幾次，
時間如何安排

關於如何投入心力
陪伴孩子接受治療

當雙方意見明顯不同的時候，我們可以怎麼做？

對於
正面迎戰的父母

要求伴侶對於這樣的處理原則要有信心，
而且樂意與伴侶討論重要事項。

不必試圖說服對方，
但是要表達出自己的感受。

對於
心懷抗拒的父母

表達自己的疑慮和保留意見，
同時避免批評與妄下斷語。

最好是提出
要求與開放式的問題。

我擔心以後會後悔沒有試過這項療法，
或者有一天他會責怪我
根本沒有幫助他。

我需要你向我說明
你打算怎麼做？
你去找那個專家的目的
是什麼？

兩個人一起

理解這項診斷對
雙方造成的影響。

同意每個人
都有不同意的權利。

對診斷有疑慮時
可以諮詢另一位專家的意見。

要彼此互補，而不是浪費精力去爭執誰對誰錯。
一方的謹慎作風可以調節另一方的大膽嘗試，一方的積極投入可以鬆動另一方的各種束縛。

跟治療師討論這件事以緩解糾結的情緒，並且共同擬出對孩子最有利的治療計畫。

伴侶生活最大的挑戰之一，就是共同做決定。
關於共同做決定，要看是哪一方面重視的程度可能有所不同。

伴侶獨自做決定（甚至兩個人都各自行事），可能有哪些原因？

仿效他的父母的行事作風。	存心報復，迫使對方接受他的選擇，就像從前他的父母也是如此對待他。	兩人之間的關係像是孩子與大人，而不是大人與大人。
保留他單身時的習慣。	害怕衝突或者意見不同時，結果無法如他所願。	性格自私或者自我中心。

先區別事情的影響程度；

不會有重大影響的事情

可能會稍微影響到對方、支出預算和家庭生活的事情

影響更重大的事情

只要簡單的分享資訊即可。

徵詢對方的意見就有其必要了。

一定要共同做決定！

啊，其實，我……

我在想我們是不是不應該……

我希望我們花幾分鐘一起來考慮……

如何增進這種共同做決定的能力？

承認從長遠來看，一起做選擇和決定的伴侶會**相處得比較好**。

明白和伴侶一起做決定，不見得是對每件事的意見都**相同**。

在意見不同時懂得**適度讓步**，不至於阻擋對於雙方都有利的事。

允許每個人**表達自己的意見**。

尋求妥協，也就是兩個人的交集，兩個圓圈重疊的部分。

當兩個人不同的看法難以取得共識時，給彼此**留一些時間和讓步的空間**。

容許這個決定可以因為後續的變化而**重新調整**。

即使你的伴侶不否認他的父親或母親（甚至雙親）具有你所說的缺點，
他可能無法忍受你的批評。
萬一他惱羞成怒反擊你，
你們就很難進行有建設性的對話、維持著同盟關係。

我們可以理解到什麼？

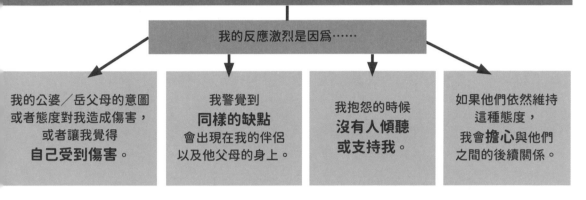

理解我們的伴侶可能真的很**難接受我們的批評**……
即使他／她早就對理想的父母完全死心了。

意識到批評的殺傷力可能來自**非常不同的源頭**，找出這些源頭說不定會很有趣。

我的反應激烈是因為……

我的公婆／岳父母的意圖或者態度對我造成傷害，或者讓我覺得**自己受到傷害**。	我警覺到**同樣的缺點**會出現在我的伴侶以及他父母的身上。	我抱怨的時候**沒有人傾聽或支持我**。	如果他們依然維持這種態度，我會**擔心**與他們之間的後續關係。

我該怎麼做？

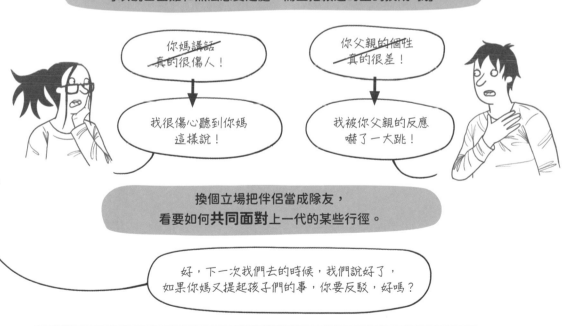

以「**我的感受**」為出發點來談論這個問題：
可以說出困難和無法忍受之處，而且把敘述的主詞換成「我」。

你媽講話真的很傷人！

你父親的個性真的很差！

我很傷心聽到你媽這樣說！

我被你父親的反應嚇了一大跳！

換個立場把伴侶當成隊友，
看要如何**共同面對**上一代的某些行徑。

好，下一次我們去的時候，我們說好了，
如果你媽又提起孩子們的事，你要反駁，好嗎？

如果其中有一個人約束不了自己的父母，這是夫妻兩人要**一起解決**的問題，
不能只由另一個人單獨出面回應。

明明一開始時相處得還不錯⋯⋯
可能是對於新的家人滿懷期待，或者只是認為還可以接受。
相愛的時候，什麼都做得到！可是後來關係漸漸地（或突然）變差，
就失去了拜訪的意願。

發生了什麼事？

共同生活造成的大大小小摩擦使得關係逐漸**破裂**。	愈來愈難以忍受本質上的**不和**（生活方式和價值觀不同）	**大吵一架** 父母或伴侶的身分，公婆／岳父母**不予認同**	夫家／岳家再度喚醒童年創傷（被拒絕、拋棄、批評……）

對於這一切怎麼做才好？

不願意再去的人

向伴侶說明自己的困難，而不是每一次都找藉口不去。

自己有**保持距離**的權利，除非迫不得已的時候才去。

躲不掉的時候**自己判斷如何回應**，可以選擇表面應付的方式輕輕帶過。

跟永遠處不來的公婆／岳父母逐漸**斷絕往來**。

> 你聽我說，這個時候去你父母家，對我來說有困難。

> 我不是很高興，但是我懂你的意思！

伴侶中的另一個人

容許對方有限度地保持必要的距離。

一起商量在各種情況下怎麼做比較好。

有必要的時候**調整**自己跟父母之間的立場（繼續探望他們但伴侶不隨行，或者減少探望他們的次數）。

孩子

向他們解釋這種他們未必能夠理解的狀況。

找出他們無論如何都能去**探望祖父母**的方式。

伴侶

要記得有些公婆／岳父母雖然有缺點，他們的行徑還是可以**忍受**的，但也有些人必須**躲得愈遠愈好**，因為他們是真的有毒。

他／她的父母管太多

**他們是真的想幫忙,也有幫上忙,
可是他們干涉我們的選擇,對我們造成影響,
可能會妨礙我們打造自己的家庭。**

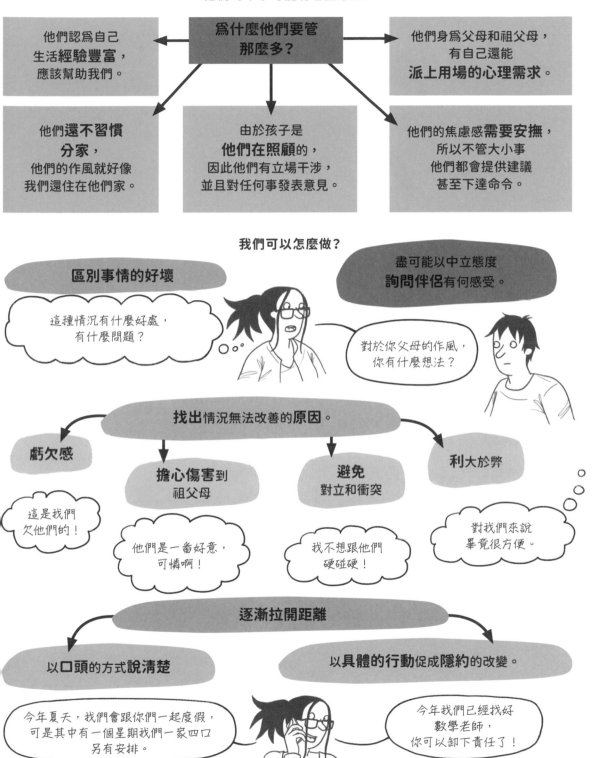

他們的干涉可能有哪些原因？

他們認爲自己生活經驗豐富，應該幫助我們。

← 爲什麼他們要管那麼多？ →

他們身爲父母和祖父母，有自己還能**派上用場的心理需求**。

他們**還不習慣分家，**他們的作風就好像我們還住在他們家。

由於孩子是**他們在照顧的，**因此他們有立場干涉，並且對任何事發表意見。

他們的焦慮感需要安撫，所以不管大小事他們都會提供建議甚至下達命令。

我們可以怎麼做？

區別事情的好壞

這種情況有什麼好處，有什麼問題？

盡可能以中立態度**詢問伴侶**有何感受。

對於你父母的作風，你有什麼想法？

找出情況無法改善的**原因。**

虧欠感

擔心傷害到祖父母

避免對立和衝突

利大於弊

這是我們欠他們的！

他們是一番好意，可憐啊！

我不想跟他們硬碰硬！

對我們來說畢竟很方便。

逐漸拉開距離

以口頭的方式說清楚

以具體的行動促成隱約的改變。

今年夏天，我們會跟你們一起度假，可是其中有一個星期我們一家四口另有安排。

今年我們已經找好數學老師，你可以卸下責任了！

我不喜歡他／她
管教自己孩子的方式

不贊成對方的管教方式，
當然會覺得不舒服……可是為什麼會這樣？

因為我們的伴侶

建立**管教方式**的依據是……

個性 ▼ **均衡**的管教方式

教育 ▼ **失衡**的管教方式

試圖補償
另一位父母的管教方式

太縱容
想讓**生活更愉快，避免衝突**，
受到喜愛……

太權威
想要**規範，上緊螺絲**，
獲得尊重……

使得新的親子關係更難維繫，
何況……

我們**住在
同一個屋簷下**

我不覺得有
干涉的正當性
（那是對方的小孩）

我找不到
自己的定位

我沒有
長期的**責任**

必須**公平**對待
其他的孩子

我被**批評**
限制了行動

他的孩子
讓我想到
他們之前的關係

哪些方法可能有幫助？

在適當的時機**交換意見**，說出你所面臨的問題。
描述為什麼以這種或那種方式來處理是有問題的。

我的困擾是，
你不再要求你的孩子們
參與家庭的活動。

強調這麼做是為了**解決歧見**，而不是評斷好壞。

不要忽略親子關係和伴侶關係的目標：
在這個重組家庭中**共同建立**一個新的家庭管理模式。

我們一同建立模式，
我認為這真的很重要。

好，只是這樣就真的必須訂出一套辦法……
我們得花點心思學習協調彼此的意見。

由於重組家庭的情況比較複雜，因此需要**更多的努力以及更高的警覺性**。

我不喜歡他／她 對待我的孩子的方式

在重組家庭中，當我們看到喜歡的人以嚴厲的行爲或不友善的言語對待自己的孩子時，難免會覺得不舒服。

如果我們放大檢視這種不舒服的感覺

伴侶對待孩子的方式

↓

我們內心的感受是

內部分裂	迷失或不確定	擔憂	做出回應

某部分的我想跟他開戰，某部分的我卻害怕得不敢介入。

誰對誰錯？難道是我太……？還是不夠……？

如果我說出來會怎樣……？如果我不說出來呢？

你夠了吧，不要用這種口氣跟他說話！

哪些方法可能會有幫助？

花時間傾聽自己的感受。

對我來說什麼是對的？

對我來說什麼是不對的？

找個時間跟伴侶在私底下討論。

描述自己的感受。	關於對方的反應，**聽聽他自己怎麼說**，並試圖理解隱藏在背後的需求。	**說出自己的需求。**	**提出要求。**

當時我真的覺得很難過……

我希望家裡的每一個人都能找到自己的地位……

而且每個人都覺得自己受到尊重。

當我兒子來找我幫忙，或者希望我稍微關心他，希望你不要把他趕走。

別讓不尊重人的相處模式出現在重組家庭中。

光是重新建立家庭和婚姻還不夠，
有時候前任也會來參一腳，這種情況往往不容易對付。

當伴侶的前任對我們造成太大的影響，
有必要先分辨引發了什麼問題，才會比較知道如何對應。

前任的行為是故意的或者不是故意的

尋求連結	報復	不好好照顧小孩	說話不算話
他想保持關係，不停地打探消息，打電話，找上門，不尊重該有的界限。	直接報復前伴侶，或者透過孩子間接報復。	虐待、疏忽等等。	探視權、監護權、探視時刻、贍養費……

這些行為破壞了伴侶和家庭的相處氣氛

前任能夠造成多大的影響，
就看你和你的伴侶縱容他到什麼程度。

我們可以怎麼做？

花時間**想清楚問題之所在**：
有些前任確實有太大的影響，但是我們的伴侶如何因應呢？
他／她也有可能模稜兩可、脆弱無助、被恐懼限制了行動。

把注意力集中在你自己、孩子們，
以及重組家庭的需求上，才能夠以最適當的方式採取行動。

協助並支持你的伴侶展現堅定的態度，守住立場，逐漸擺脫前任的掌控。

當干擾太嚴重的時候，自己要態度堅定，**勇敢地阻止**。

若情況容許，可以巧妙**安撫前任的情緒**：
在不恰當的行為背後，往往隱藏著某種形式的不安全感。

你看他做得出這種事，
表示他真的很糟糕。
但是，為了孩子，
我們不能容忍他這麼做。

當我們還在扮演父母維持伴侶關係時,每天過日子就不太容易了,
當關係不復存在,協調彼此的意見往往會變得非常、非常困難。

哪些因素可能會使協調的困難度一發不可收拾？

害怕				對分手 無法釋懷	需要自我肯定
成為不受 喜愛的父母	失去孩子的 監護權	上當 受騙	處於不利 的地位		競爭對立

心思都在 跟前任的關係上	報復的 心態	現任伴侶 也來參一腳	不想讓周圍的人 看扁的意志力

當我們對某些事情意見分歧，出現衝突需要處理，哪些方式會有幫助？

兩個人一起協商，可以運用的資源跟你們仍是伴侶時並無不同，
只不過有更多的機會動用以下的資源：

約時間碰面， 如同參加一場 重要會議 要先做準備。	以合作的原則 而不是競爭的 態度去處理 事情。	承認我們的看法不一致， 而且接受一項重要原則： 同意彼此有不同 的意見。	知道對方會在 哪件事上攻擊， 以及自己 有哪些弱點。

集中注意力保持心平氣和，而且可以借助於：

五分鐘的 諧振式呼吸	一回合的情緒釋放技巧*並搭配一句口號： 「即使我害怕面對〔討論的主題〕，我可以的。」

採用 非暴力溝通的 基本原則**： 需求和清楚的 訴求。	把注意力 集中在目標上： 為了孩子盡量做出 最好的安排。	如果有好幾件事牽扯不清(例如孩子和財務)， 將它們分別處理。 如果這些事會引起恐懼， 更不該將它們混為一談。

如果情況太棘手，可以請人調解。

即使已經分開多年， 還是有可能一鬧僵就難以意見相同。	由第三者 主導協商 可以確保兩人 交流想法。	好處
可透過律師， 家事調解委員來進行調解。	保障雙方的發言時間。	有可能達成 雙贏的協議。 調解的過程確定會保密。

＊｜Emotional Freedom Technique情緒釋放技巧(參閱150頁)
＊＊｜Communication Non Violente非暴力溝通(參閱152頁)

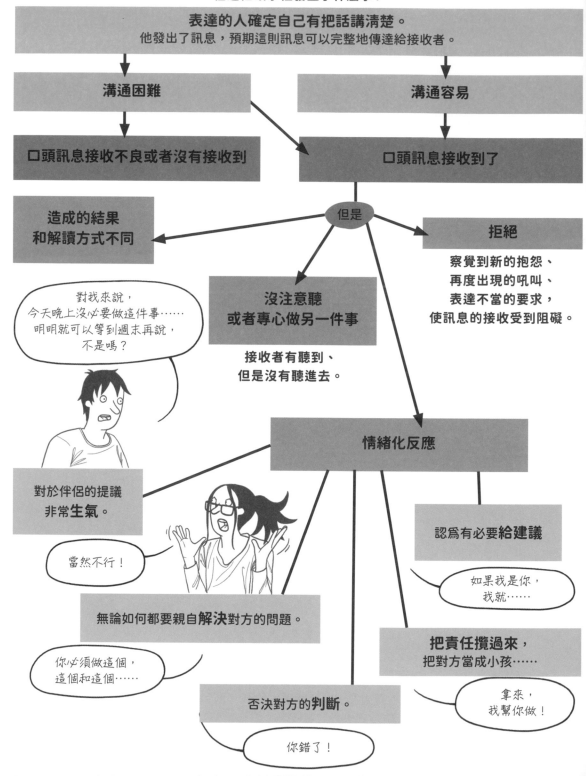

只不過是打翻一杯水，結果卻⋯⋯這到底是怎麼回事？

我們見到的是互相拉高衝突，每個人都把對方的話直接頂回去，
也就是以某個論點直接反駁對方的論點，
而且措辭愈來愈強烈，最後有可能吵到不可收拾。

起初是父母的其中一方沒有做到適當管教，另一方介入之後衝突更是火上加油。

以個人來說

我們受到情緒的影響

當我們面臨壓力時，
新皮質（上層腦）的迴路失能，
由下層腦取得掌控：
它很直接，思慮不周，根據求生模式採取行動，
我們因而失去同理心、對別人的關懷、
婉轉的態度、自我控制力等等。

我們小時候學到的一些行為模式

我們仿效的
並不是自己喜歡的行為，
而是熟悉的行為……
除非我們努力去除
這些行為模式。

我們的行為受到個性的影響

即使平常我們努力改進
自己的行為模式，
面臨壓力時還是很可能偏離常軌，
回復到最初始的模式。

我們往往難以做到檢討自己

把過錯推到別人頭上總是比較容易，
我們也想這麼做，
而不是誠實地要求自己
負起該負的責任。

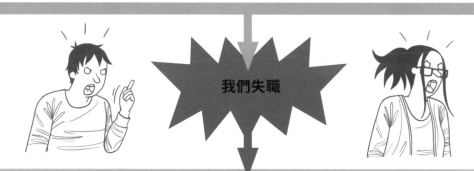

我們失職

我們控制不了自己
（吼叫，不合時宜的反應，
缺乏尊重，傳遞恐懼，
情感勒索，罪惡感，
難以忍受的威脅等等）。

我們沒有辦法處理伴侶之間發生的問題，
伴侶之間本來應該有
自我調整、反省、彌補、
做決定、共同建立的能力。

以伴侶來說

我們很難當場後退一步

來觀察我們這對伴侶和父母所面臨的狀況。

我們不太容易切換成觀察者模式

也就是檢視彼此的關係出了什麼問題，
找出運作失常的部分。

一方的行為似乎會強化另一方的行為

比方說，
如果一個人對孩子吼叫太大聲，
另一個人可能會為了補償
而完全不吼叫，
甚至不吭一聲，
這可能會強化對方的吼叫模式。

**當其中一人失職，
另一方的反應未必是幫助他或者接替他……**

他也可能以批判者或拯救者自居，
或者自認為無力改變而逃避現實。

我們沒有足夠的信心或者善意

能夠互相支持
或者婉轉地勸告對方。

我們讓孩子不安

我們的婚姻裂痕擴大，
爭吵愈來愈頻繁，
或者愈來愈不關心對方……

我們不調整
也不補救自己的行為模式，
反而愈來愈頑固。
我們已經無法共處了。

目標就是重新把安全感帶回家！

把心思拉回到孩子的基本需求上，他們現階段的生活不應該擔驚受怕。

下定決心**平息爭吵**，換個方式來解決問題。
當生活的壓力導致伴侶之間關係緊張，到後來全家人都覺得壓力很大，
這時候最重要的就是停止這種惡性循環。

要解決伴侶之間的問題和父母雙方的歧見，最好是選擇**住家以外**的地點，
以免造成孩子的不安。

找回**同心協力互相幫助**的力量。
就好像在同一個運動團隊中接受訓練，當一個人力量不足時，另一個人會去支援他。

接受自己有一些部分**需要努力**，同時也願意**接受對方的提醒和鼓勵**。

87

我們吵架的時候，只想著要在氣勢上壓過對方，完全忘了孩子的存在。
他們因而飽受威脅，只能被迫忍耐，
或者大叫逼我們停止爭吵……說不定連他們的叫聲，我們都聽不到！

我們怎麼會陷入這種情境？如果理智一點，退一步來看，難道不會覺得後悔或不值得？

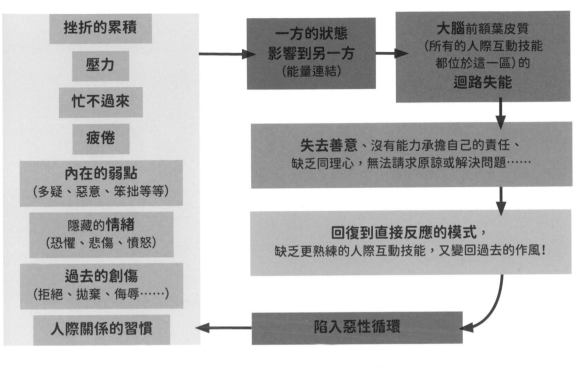

挫折的累積

壓力

忙不過來

疲倦

內在的弱點
（多疑、惡意、笨拙等等）

隱藏的**情緒**
（恐懼、悲傷、憤怒）

過去的創傷
（拒絕、拋棄、侮辱……）

人際關係的習慣

一方的狀態
影響到另一方
（能量連結）

大腦前額葉皮質
（所有的人際互動技能
都位於這一區）的
迴路失能

失去善意、沒有能力承擔自己的責任、
缺乏同理心，無法請求原諒或解決問題……

回復到直接反應的模式，
缺乏更熟練的人際互動技能，又變回過去的作風！

陷入惡性循環

所以如果再發生爭吵，可以怎麼做？

停止互動，暫時分開……
直到你覺得已經找回自我（重新與自己的內心連結）

等雙方都平靜下來後才**重啓話題**。
要注意的是或許必須經過一個平靜共處的階段，才能夠深入討論之前發生過的爭執。

你可以去買麵包嗎？

請求對方原諒自己的情緒失控，將彼此斷裂的連結重新建立起來，
之後才會有更好的互動。

不好意思，
剛才我的情緒失控了。

我承認我的態度
有點強硬。

我說出這種話，
其實心裡不是這麼想的。

安撫在場的孩子們，父母之間是有一些摩擦，但是彼此的連結還在。

因爲這場爭吵使孩子們覺得混亂與不安，**請求他們原諒**。

我們吼得太大聲

身為父母從來沒有吼過孩子的請舉手！即使是毫不掩飾情緒的父母，
都會承認（至少在私底下）這種管教方式不太理想。
只不過，怎麼樣才能扭轉這種情況？

為什麼我們會變成這樣？

累了，
耐性已經到了極限

情緒太激動

覺得話說了很多遍
卻沒有被聽進去

認為用吼叫的方式
可以達成目的

**我們
吼得太大聲**

成了習慣，
不知道還能怎麼辦

忽視，
讓人以為沒有
接收到訊息

孩子的反應

聽話照做，
但是長遠來說，
有可能學到
以吼叫的方式
達到目的。

愣住，幾乎嚇呆了

吼回去（鏡像反應）

如何改變這種情況？

個人方面

先把自己照顧好，才能把別人照顧得更好。

透過呼吸練習，
跟自己的身體**重新連結**。

當我們聽到彼此開始吼叫時就要**停下來**，
改變聲調降低音量。

從事一項（或好幾項）**規律的活動**，
達到減壓和調整自己的目的
（運動、瑜伽、放鬆、身心放鬆療法、
冥想、諧振式呼吸……

找出那些一再發生、
而且會使我們理智斷線的情況，
想辦法克服改善。

伴侶部分

如果問題出在你自己的行為上

先跟伴侶講好，當你情緒太激動的時候，
他可以提醒你。

如果問題出在伴侶的行為上

你提供協助的時候別忘了，當他吼叫時，
他跟自己無法連結……跟你也無法連結。

尤其是，當情況太棘手的時候，你來接手管教
（但是介入的方式巧妙一點，
以免你們夫婦發展成拯救者–被拯救者的關係）。

停！我們不能再這樣
下去了，我們先冷靜
下來，等一下再說。

我們讓孩子
接觸到令人焦慮的話題

我們周遭關於這個世界的各種訊息往往令人焦慮，這一點無庸置疑。個人生活中的某些偶發事件同樣帶來不安（爭吵、分離、生病、意外事故、過世、失業、財務困難等等）。但是爲了孩子，我們會選擇過濾掉哪些訊息？面對眼前的現實，我們會爲了生活的處境而保留什麼樣的空間？

讓我們來探究一下，當孩子接觸到沒有能力處理的訊息時，焦慮感會對他造成什麼樣的影響：

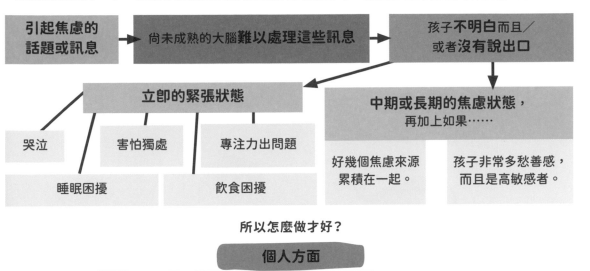

```
引起焦慮的      →   尚未成熟的大腦難以處理這些訊息      →   孩子不明白而且／
話題或訊息                                                或者沒有說出口
```

立即的緊張狀態

中期或長期的焦慮狀態，
再加上如果……

哭泣　　害怕獨處　　專注力出問題

睡眠困擾　　飲食困擾

好幾個焦慮來源
累積在一起。

孩子非常多愁善感，
而且是高敏感者。

所以怎麼做才好？

個人方面

思考如何以漸進平和的方式向孩子展示這個世界

留意自己的個人判斷。

我把這種想法留在自
己心裡就好。

幫助他思考以及進行適當的分析。

你，你是這樣看待的，可是你看，
我們也可以這樣看待……

避免輕視，既然真有其事，就把它說出來。

這沒什麼　　一點也不危險　　你怕死，對嗎？

贊同孩子的感受

這是你的權利，有這種
想法或感受很正常。

向他展示可用的資源……

每個人身上都有的資源。

人類可以獲得的資源。

我們可以加強自己的免疫系統來對抗病毒。

你看人類有自我保護的能力，
而且會逐漸適應。

伴侶部分

彼此互相提醒，而且盡量顧慮對方的感受，但如果對方聽不進去，
馬上打斷他的話。他不高興也沒辦法，因為你有正當的理由這麼做。

對於任何可能引起焦慮的話題，要習慣在私底下說。
有些話題還是保留給你們自己就好。

我們放話威脅
其實不打算付諸行動

為了守住管教的立場(希望孩子願意服從、幫得上忙、有禮貌等等)，
當我們試過其它的方法(客氣的請求、下命令、吼叫……)都無效時，
威脅是我們的最後手段。

當我們這麼做會發生什麼事？

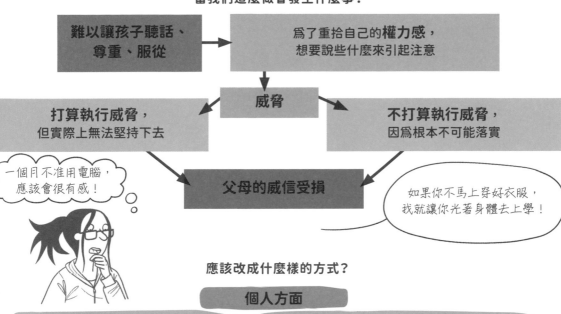

難以讓孩子聽話、尊重、服從 → 爲了重拾自己的權力感，想要說些什麼來引起注意

威脅

打算執行威脅，但實際上無法堅持下去

不打算執行威脅，因爲根本不可能落實

一個月不准用電腦，應該會很有感！

父母的威信受損

如果你不馬上穿好衣服，我就讓你光著身體去上學！

應該改成什麼樣的方式？

個人方面

在放話威脅以前**先考慮可行性**

注重**一致性**和**可行性**；想做什麼就說出來，而且說到做到。

跳脫「懲罰就是要你付出代價」，把重點放在：

「理所當然的後果」的觀念	行爲規範	尋求解法	協商的力量
下一次，如果你選擇這麼做，就會面臨跟這樣的後果……	我們會把它列爲準備進行的工作，這樣做比較好。	我們該怎麼做，才能讓你放下電腦而且不會大哭大鬧？	我們說好了，當鬧鈴響起時，你就不玩了，而且會把衣服穿好？

伴侶部分

要有**兩人同心**的共識，當孩子一再出現不當的行爲時，你們的態度會更一致、更包容，更穩定。

如果是自己的行爲有問題

先讓伴侶接手管教，冒一點風險，試著旁觀而不干涉，因爲這樣才有機會改變作風。

如果是伴侶的行爲有問題

上前協助他，從上述的其他做法中挑一個建議他試試看。

你威脅他，他就會快一點過來嗎？我不是很確定。如果我們試試別的辦法呢？

當孩子的表現讓我們擔憂，如果我們把腦中的念頭大聲說出來，
很有可能反而影響到他們的前途。

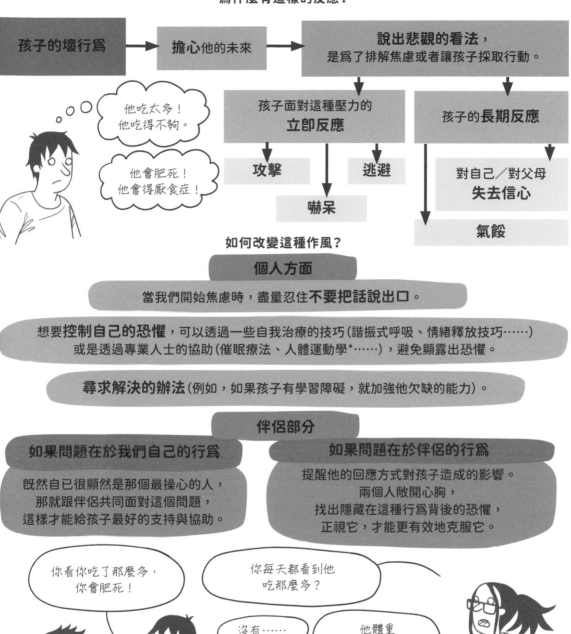

爲什麼有這樣的反應？

孩子的壞行爲 → 擔心他的未來 → **說出悲觀的看法，**是爲了排解焦慮或者讓孩子採取行動。

他吃太多！他吃得不夠。

他會肥死！他會得厭食症！

孩子面對這種壓力的 **立即反應**

攻擊　嚇呆　逃避

孩子的 **長期反應**

對自己／對父母 **失去信心**

氣餒

如何改變這種作風？

個人方面

當我們開始焦慮時，盡量忍住 **不要把話說出口。**

想要 **控制自己的恐懼，**可以透過一些自我治療的技巧(諧振式呼吸、情緒釋放技巧……)或是透過專業人士的協助(催眠療法、人體運動學*……)，避免顯露出恐懼。

尋求解決的辦法 (例如，如果孩子有學習障礙，就加強他欠缺的能力)。

伴侶部分

如果問題在於我們自己的行爲

既然自己很顯然是那個最操心的人，那就跟伴侶共同面對這個問題，這樣才能給孩子最好的支持與協助。

如果問題在於伴侶的行爲

提醒他的回應方式對孩子造成的影響。兩個人敞開心胸，找出隱藏在這種行爲背後的恐懼，正視它，才能更有效地克服它。

你看你吃了那麼多，你會肥死！

你每天都看到他吃那麼多？

沒有……

他體重有過重嗎？

沒有……

那你有什麼好擔心的？

＊｜編按：Kinésiologie，也稱爲「肌動學」，通過解剖學、生理學、認知動力學、應用生物力學來研究人體的運動。

我們的立場不堅定

有時候我們說可以，後來又不行⋯⋯
或者本來不行，又來又可以⋯⋯孩子就會趁機佔便宜。

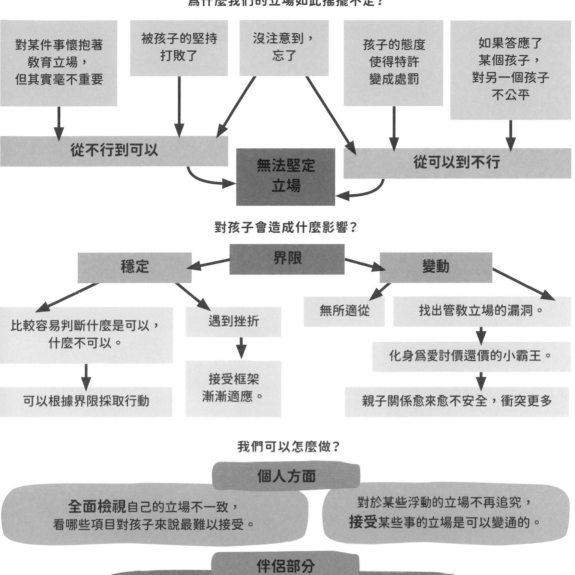

爲什麼我們的立場如此搖擺不定？

| 對某件事懷抱著教育立場，但其實毫不重要 | 被孩子的堅持打敗了 | 沒注意到，忘了 | | 孩子的態度使得特許變成處罰 | 如果答應了某個孩子，對另一個孩子不公平 |

從不行到可以

無法堅定立場

從可以到不行

對孩子會造成什麼影響？

界限

穩定

變動

比較容易判斷什麼是可以，什麼不可以。

遇到挫折

接受框架漸漸適應。

可以根據界限採取行動

無所適從

找出管教立場的漏洞。

化身爲愛討價還價的小霸王。

親子關係愈來愈不安全，衝突更多

我們可以怎麼做？

個人方面

全面檢視自己的立場不一致，看哪些項目對孩子來說最難以接受。

對於某些浮動的立場不再追究，**接受**某些事的立場是可以變通的。

伴侶部分

共同商量、觀察和分析會造成問題的各種情況。
一起努力堅持必須堅持的，學會能夠放手的就放手。

有時候，其中一方的立場鬆動，
因爲他被迫採取的管教立場
其實是出於另一方的期待甚至要求。
這時候就要把話說清楚，
重新界定角色的分配方式。

有時候，其中一方
改變立場（容許／懲罰），
因爲得不到
另一方的支持。

兩人同心協力，使管教立場更一致、更令孩子安心。

誰不會想要耍些小手段來約束孩子的行為？
目前為止看起來無傷大雅，但是這種管教方式如果變成習慣，
可能造成很不好的後果……

我們先試著了解發生了什麼事……

第一級的勒索	第二級的勒索
日常生活中不起眼的利誘	情感勒索

> 如果你做這個，
> 就可以得到那個！

> 如果你做這個，
> 就可以得到我的稱讚／我的保護
> ／我的關注／我的愛！

利用獎賞引發行為動機，
促使孩子做出某種行為。

利用孩子的情感：
害怕再也無法受到喜愛，
對各種形式的勒索讓步。

> 如果你收拾房間，
> 就可以得到糖果！

> 我不喜歡
> 鬧脾氣的小孩！

孩子學到**做任何事
都有代價，**
都可以商量。
如果父母可以這樣
對待他，他也可以
這樣對待父母。

**他沒有學到如何發展
自己內在的動機**
（我做了這項努力，
或者我達成這項結果，
因為這對我有利）。

孩子學到愛並不是無條件的，
他愈能夠滿足父母對他的期待，
愈有機會受到疼愛。

我們可以怎麼改變作風？

下定決心，對於自己為達目的所使用的手段**保持警覺**。

給孩子時間學習：孩子不可能輕而易舉就學得又快又好。

下定決心陪伴和幫助他們，而不是只懂得要求和下命令……最後就變成勒索。

幫助孩子發展出自主性，也就是讓他自己採取行動，而不是透過勒索的方式。

帶著警覺的眼光，隨時注意自己和伴侶的溝通模式。

> 我聽到你對他們說，
> 如果他們乖乖聽你的話，
> 你就會對他們好。

> 我覺得這樣說
> 不太好，我的理由是
> 這樣的……

當我們為孩子付出，當我們竭盡所能，我們可能會無法忍受他們的某些態度。
這是理所當然的啊！

當我們為孩子全心全力付出，有時候其實並不在意他們真正的需求，
而且一旦我們無法付出更多時，就開始要求他們回報！

但是如果我們仔細思考，我們是否總是能夠察覺在他們和我們身上所發生的事？

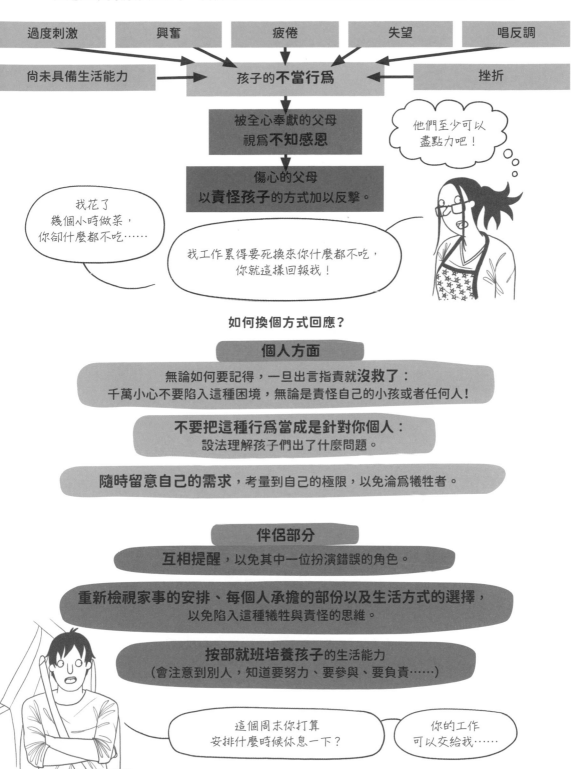

過度刺激　　興奮　　疲倦　　失望　　唱反調

尚未具備生活能力　　→　　孩子的**不當行為**　　←　　挫折

被全心奉獻的父母
視為**不知感恩**

他們至少可以
盡點力吧！

傷心的父母
以**責怪孩子**的方式加以反擊。

我花了
幾個小時做菜，
你卻什麼都不吃……

我工作累得要死換來你什麼都不吃，
你就這樣回報我！

如何換個方式回應？

個人方面

無論如何要記得，一旦出言指責就**沒救了**：
千萬小心不要陷入這種困境，無論是責怪自己的小孩或者任何人！

不要把這種行為當成是針對你個人：
設法理解孩子們出了什麼問題。

隨時留意自己的需求，考量到自己的極限，以免淪為犧牲者。

伴侶部分

互相提醒，以免其中一位扮演錯誤的角色。

重新檢視家事的安排、每個人承擔的部份以及生活方式的選擇，
以免陷入這種犧牲與責怪的思維。

按部就班培養孩子的生活能力
（會注意到別人，知道要努力、要參與、要負責……）

這個周末你打算
安排什麼時候休息一下？

你的工作
可以交給我……

用餐時間比表面上看起來更重要：
除了填飽肚子，其實是大家一起吃飯，把彼此餵飽，這才是最重要的……
而且難度很高啊！

爲什麼用餐時刻可以如此麻煩、如此令人失望?

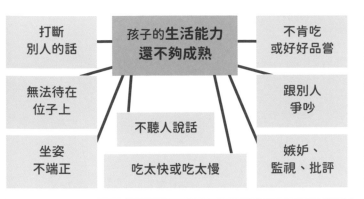

打斷別人的話	孩子的**生活能力還不夠成熟**
無法待在位子上	不肯吃或好好品嚐
坐姿不端正	不聽人說話
	跟別人爭吵
	吃太快或吃太慢
	嫉妒、監視、批評

除了用餐時間,
沒有足夠的時間可以傾聽、
適應、調整、解決問題……

父母對於孩子們
吵鬧的**感受度不同**。

家人之間**解決問題**、
控制衝突、管理情緒的能力**還不夠完善**。

伴侶之間或者孩子之間的**衝突**,
對其他人造成嚴重的**影響**。

伴侶如何共同處理這個問題?

營造家庭的氣氛必須仰賴家裡的每一個人,
但是良好的互動以及**和諧的伴侶和親子關係**眞的很有幫助。

提交第一份清單,列出餐桌上難以忍受的事項:
這樣可以先把問題找出來。

提交第二份清單,把想做到的事情列出來,例如:

孩子部分:
培養他們的生活能力,
懂得傾聽、會注意到別人、
能夠自我肯定……

伴侶部分:
更好的調整適應,
身兼數職的能力,
每個人都找到自己的
定位……

全家人:
比較好的氣氛,
共同解決問題的範圍擴大,
對於彼此有更大的包容性……

訂出執行的目標。
當我們有共同的方向,而且**向前跨出一步**時,就會開始前進。

安排家人的聚會,在用餐以外的時間解決問題。
我們可以準備一些正向管教的資源(尤其是家人交流時所使用的工具),
輪流分擔重要的家事,使用餐氣氛能夠改善並且持續,
掌握幾項有影響力的小工具,爲日常生活帶來激勵。

在經營婚姻和親子關係的過程中，很難不注意到別人家的狀況。
會有這種想法無可厚非，但是一不小心很容易淪為負面的比較，
為了避免這種情況，最好不要太在意別人的生活。

為什麼會有這種跟別人比較的傾向？

跟別人比較是一種
自然而且健康的想法，
知道自己的處境才能夠求進步。

從小就習慣
自己被拿來跟別人比較。
（其他人考得怎麼樣啊？）

**自尊心低落，
自我評價低。**

天性會去羨慕
甚至嫉妒別人……

經歷過欠缺
（愛情、自由、逃離、
傾聽、理解……）

伴侶之間
缺乏共識。

對於身為
父母的能力
沒有自信。

如何避免這種情況？

要知道比較也有可能喚醒我們的**理想**，或許能夠帶給我們**正向的指引**。

他們的交談方式
讓我很欣賞！

他們的活力
令我羨慕！

他們的生活藝術
啟發了我！

他們的家庭活動
帶給我一些想法！

從自我批判的模式變成**啟發模式**

我們的生活
安排跟他們
比起來差得遠了！

為什麼他們的生活
安排得那麼好？

把負面的自我批判化為**有建設性的自我批判**。

他們家的孩子很乖，
我們家的孩子卻很糟糕！
我們是失敗的父母！

在這方面
我們可以怎麼改善？

與人相比時，別人展示在我們眼前的，
只是他們的一部分而不是全部，他們也有自己的弱點和難處。

把心思拉回到自己身上，讓生活的步調繼續往前，
有信心可以做出最適合我們和全家人的安排，可以活出我們自己的樣子！

記得要量力而為。

有時候我們跟孩子之間有隔閡，因為我們滿腦子只想著自己的事，
沒有去關心或者注意到他們怎麼過日子。
在這種情況下，陪伴他們成長並不是那麼容易……

究竟是發生了什麼事？

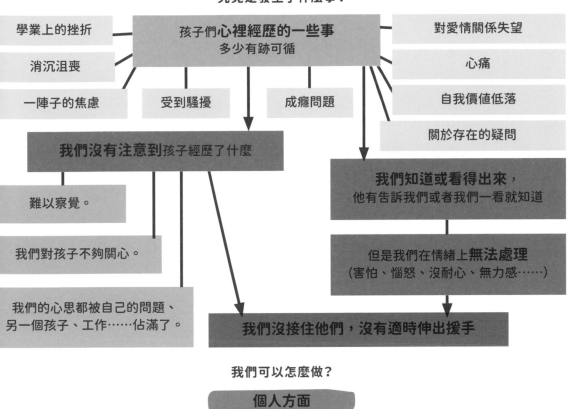

學業上的挫折

消沉沮喪

一陣子的焦慮

孩子們心裡經歷的一些事
多少有跡可循

對愛情關係失望

心痛

自我價值低落

關於存在的疑問

受到騷擾

成癮問題

我們沒有注意到孩子經歷了什麼

難以察覺。

我們對孩子不夠關心。

我們的心思都被自己的問題、
另一個孩子、工作……佔滿了。

我們知道或看得出來，
他有告訴我們或者我們一看就知道

但是我們在情緒上**無法處理**
（害怕、惱怒、沒耐心、無力感……）

我們沒接住他們，沒有適時伸出援手

我們可以怎麼做？

個人方面

盡可能經常處於**觀察者**的位置：
打開眼睛、耳朵和所有的感官，接收孩子的行為所透露出來的任何訊息。

先建立跟自己的連結，才能和孩子產生連結。

寧可相信**自己的直覺**，才能夠掌握孩子的情緒狀態。

伴侶部分

「接收」到比較多訊息的一方，和渾然不覺的另一方可以發揮**互補**的作用。

不要過度回應，也不要回應得太消極。

透過眼神交流更容易明白發生了什麼事。

她這段時間很難相處，
脾氣都出在我們頭上！

我相信跟朋友吵架
對她的影響很大，
只是她不想承認。

好吧，太棒了，
我就知道引擎會被你操掛！
我受夠了，
你總是不聽我的勸告！
是啊是啊
你說的對！
好讚喔，這個假期
一開始就這麼好玩！

沒錯，我們以伴侶和家人的身分共同生活至今，現在仍然在一起，
但是顯然我們已經走到必須重新審視（或許是修補）彼此關係的轉捩點了。

我們長期維持的相處模式，隨著時間過去和各種事情的發生，
也應該要重新檢討了。

儘管我們也發展出一套適應的方式以維繫這段關係，
然而一開始是好的做法，現在卻出現問題，甚至造成危害了。

為了關係的持久，可能我們已經：

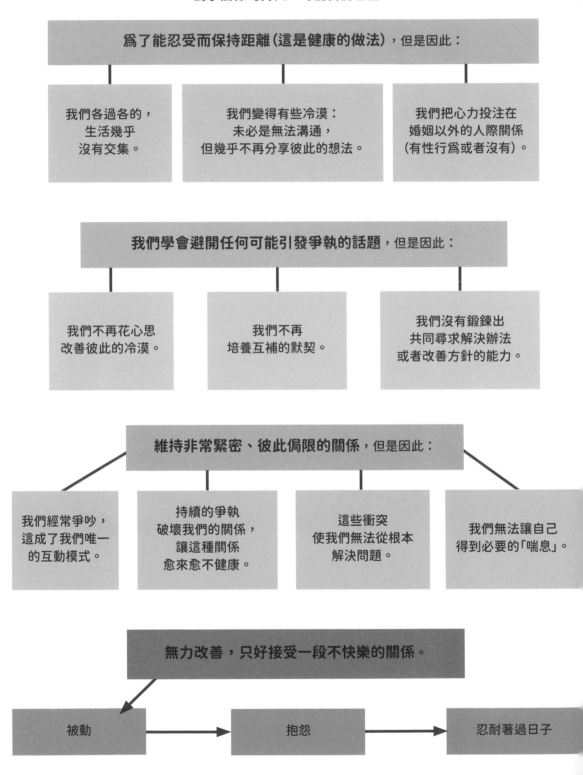

為了能忍受而保持距離（這是健康的做法），但是因此：

我們各過各的，
生活幾乎
沒有交集。

我們變得有些冷漠：
未必是無法溝通，
但幾乎不再分享彼此的想法。

我們把心力投注在
婚姻以外的人際關係
（有性行為或者沒有）。

我們學會避開任何可能引發爭執的話題，但是因此：

我們不再花心思
改善彼此的冷漠。

我們不再
培養互補的默契。

我們沒有鍛鍊出
共同尋求解決辦法
或者改善方針的能力。

維持非常緊密、彼此侷限的關係，但是因此：

我們經常爭吵，
這成了我們唯一
的互動模式。

持續的爭執
破壞我們的關係，
讓這種關係
愈來愈不健康。

這些衝突
使我們無法從根本
解決問題。

我們無法讓自己
得到必要的「喘息」。

無力改善，只好接受一段不快樂的關係。

被動 → 抱怨 → 忍耐著過日子

為了改善這種情況，與其把伴侶關係視為一輛車
（不太環保，而且前景堪慮，因為即使我們檢查了車輛並加以修理，最後還是得換車）
不如將它想像成一座有生命的花園，一定更能夠振奮人心。

觀察我們的花園，承認我們任由它荒蕪已久，要有勇氣**從正面去檢視情況**。

裝備齊全：有好的工具和指引，我們可以做得更好。

已經存在的，就重新賦予它生命：
好好修剪，把枯枝裁掉，經過一番整理之後就能夠分辨我們留下什麼，又除掉了什麼。

為這段關係中**生長得好的部分澆水**，把注意力放在上面，
這是使它茁壯最好的方法。

藉由溝通再溝通，**為自己和伴侶關係而努力**，就像照顧花園需要無止盡的維護。

承認雙方改變的步調不會一致：
生命的路程和轉變有其獨特性。
有人看過兩棵樹生長得一模一樣嗎？

學著接納雙方的差距並且願意忍受。
況且，就像所有的生命都會變化，差距也不會是固定不變的。

放棄想要改變別人（伴侶、孩子等等）的想法。
我們愈想要對方改變，對方就愈抗拒：即使揠苗也無法助長。

接受對方與自己的不同，適應他的行事作風。
一片醜陋的草地也有可能不再醜陋，如果我們讓它有機會好好生長，

迎接伴侶的生活就像是面對四季的循環，承認每個季節都有它自己的風景。

看看如何重新建立連結，可以從「永續栽培」的理念中得到啟發，
寧可**兩人互補一起成長**，
而不是在衝突和爭奪勢力的過程中互相傷害。

可以透過一些在共同花園裡的計畫，讓兩個人的**關係獲得新生**。

有其他人在場我們反而自在

當我們跟朋友或孩子們在一起時，把注意力放在跟他們之間的關係，
可以藉此避開兩個人單獨相處的困難。

隨著時間過去，我們之間出了什麼問題？

我們已經不習慣
保留兩人獨處的時間。

→

看法不同、錯過約會、不理解的問題
沒有解決等狀況不斷累積。

厭惡、失望和挫折感

相處有困難

所以呢？

如果我們對於改善關係還抱著期待與希望，我們可以……

把話攤開來說：
覺得最難以忍受的人
要採取主動，
把想法說出來。

**刻意選擇一項
兩人共同進行的活動：**
烹飪、修繕、園藝、看電影、
聽音樂會、看表演……

**尋找可以
一起投入的事情，**
參加同一個社團，
進行共同的計畫……

我感覺到，
我們已經無法共享兩個人
一起度過的時刻。

你有什麼想法？

如果我星期天
早上陪你
去跑步呢？

仰賴共同進行的活動，讓共同計畫順其自然發展出來，
這種計畫可大可小(可以是一個或者好幾個！)

當我們走到這一步，而且是經過多年才逐漸變成這樣，
我們應該心裡有數，像這種**修補和重建的工作**必須小心進行，
而且需要時間。

爲了處理最沉重，或者最盤根錯節的問題，
向**心理治療師求助**或許有其必要。

從最冷淡無感到最心靈契合，我們不得不承認我們的關係已經走到相當平靜的階段，
但是在這份平靜當中少了一些波動⋯⋯

我們目前的關係可能缺少了什麼？

分享，健康的爭吵
可以使對方的不同觀點更豐富。

情慾和性愛關係。

想要一起發現其它的事物，
一起跨出舒適圈的慾望。

除了家事，
在其它方面也是**一輩子的夥伴關係，**

我們可以怎麼做？

發現情況不妙時**有勇氣去檢討面對。**

有可能的話，列一份檢討清單，**分享彼此的……**

| 觀察 | 感受 | 想法 | 熱情 |

我發現如今我們的生活
已經沒有什麼激情了。

我有
失落感。

我覺得很可惜，
我們可能會因此迷失……

我想要找回
與你共度的
激情時刻！

在對話時盡可能有真正的交流。

為了交流、進展，以及安排下一次的約會，而訂出一個工作計畫，
以便規劃接下來的路線。

如果光靠自己真的太困難做不到，
可能需要向專家求助才能夠促成合作與重建關係。

從兩個人一起去上情緒管理課，到定期找專家做婚姻諮商，
還有專為伴侶規劃的夏季課程，有各式各樣的選項……
每一種看起來都不錯，甚至可能會想試試看，
但結果就是我們什麼都不做。

所以我們可以怎麼做？

我們認爲應該可以
不靠別人自己處理。

→ 或許，但也只能做到某種程度。
爲什麼要放過**更認清自己、
使自己調適得更好**的機會？

只有其中一人
眞的想這麼做。

→ **先試著**在週末
做一次伴侶諮商以
「勸誘」比較遲疑的一方接受。

要太多事情
要優先處理。

→ 話是沒錯，可是這件事難道
不比其他的事情重要？

其中一個人的心態
完全封閉。

→ 放棄說服他。
先改變自己能夠改變的，
等情勢改變，以後再提議。

**我們不向
專家求助，**
因爲……

我們對伴侶之間的困難
感到羞恥。

→ **專家習慣了，**
會找上他們的都是有困難的伴侶，
他們早就見怪不怪。

我們害怕
因此喚醒某種情緒。

→ 是有這種風險，
但結果一定是**利大於弊**。

我們不確定找的專家
是否可靠。

→ **要找值得信賴的專家**
（診斷這種問題的醫師、精神科醫師……）

我們擔心
掉入陷阱。

→ **嘗試和體驗**不代表會被困住
或者始終無法擺脫。
我們永遠比自己以爲的更自由。

我們怕這樣做
會導致分手。

→ 如果我們什麼都不做
都無法避免分手，
那就更應該試試看，不是嗎？

時光飛逝，這種在交往初期非常重要的相處模式，
如今已經與我們無緣了……

我們發生了什麼事？

我們已經**不需要**這個了。	我們真的已經**完全沒有這種慾望了。**	我們會**優先考慮**跟孩子、家人或朋友一起去旅行。
如果只有兩個人去旅行，我們已經**不太知道有什麼話題可以講。**	我們有**旅行以外**的恩愛方式。	

改善的方法：

如果兩個人都覺得OK，而且一切順利：

雙人旅行並不是非去不可，但還是要小心確認雙方是否有足夠的意願
去經營不被打擾的兩人空間。

如果一方有所期待，另一方不是很感興趣：

想去的一方可以**採取主動**，用心安排，挑選非常符合對方喜好的行程……
甚至可以當成送給對方的驚喜。

我們兩個人可以去森林度週末，在叢林中過夜。

喔，看起來不錯！

如果兩個人都沒有意願，而且日常生活也說不上精彩：

這**代表伴侶關係不健康**，可以說是一種病症：
我們相處不愉快，也沒有足夠的精力去想辦法找回當初的感覺、
去對話、去調整改善。警示的黃燈已經亮了……

到了這個階段，能不能想辦法**安排一些兩個人一起從事的活動**
（做菜、散步或跑步、園藝、探訪、修繕……）？
如果做得到，就往這個方向去努力，否則伴侶關係要亮紅燈了……

不然我們試試看星期五晚上去看電影，
看能不能找回一點當初的感覺？

這也太扯了，
你才剛起床
就拼命滑手機……

你不能
稍微放手嗎？

好啦，媽媽！

等一下
你又要抱怨睡不好。

你打算
跟我說教？

不，但是我真的
看不下去，
你一滑手機
就不理我們了！

或許你該問問自己，
我為什麼老是躲起來滑手機，
你不是什麼都懂嗎！

為了改善我們的日常生活，有一些事情真的應該拿出來討論……但我們就是辦不到。
我們避而不談直到怒氣爆發，或者每天都在批評碎念，把關係搞得很差。
總之，我們沒有好好處理！

爲什麼我們很難心平氣和地講話？

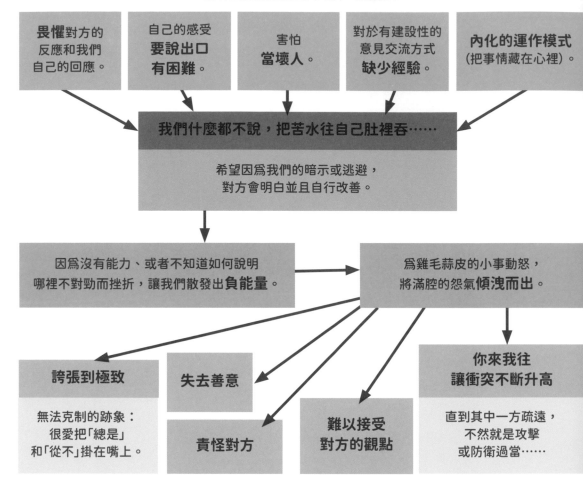

畏懼對方的反應和我們自己的回應。

自己的感受**要說出口**有困難。

害怕**當壞人**。

對於有建設性的意見交流方式**缺少經驗**。

內化的運作模式（把事情藏在心裡）。

我們什麼都不說，把苦水往自己肚裡吞……

希望因爲我們的暗示或逃避，
對方會明白並且自行改善。

因爲沒有能力、或者不知道如何說明
哪裡不對勁而挫折，讓我們散發出**負能量**。

爲雞毛蒜皮的小事動怒，
將滿腔的怨氣**傾洩而出**。

誇張到極致

無法克制的跡象：
很愛把「總是」
和「從不」掛在嘴上。

失去善意

責怪對方

**難以接受
對方的觀點**

**你來我往
讓衝突不斷升高**

直到其中一方疏遠，
不然就是攻擊
或防衛過當……

我們可以試著做些什麼？

**爲了能夠平心靜氣地交談，
最基本的前提就是要有安全感。**

我們需要得到安撫，知道我們的關係不至於破裂。
爲了展開討論，可能會有幫助的方法是提醒自己，
我們把一個爭議性的話題搬上檯面，正是因爲我們對這段關係依然在乎。

我很在乎你，
也很在乎我們的伴侶關係，
所以我希望能跟你談談
目前讓我感到不舒服的原因。

說明自己，以及自己的感受、想法和內心騷動

想要以對方聽得到也接收得到的方式來溝通，
就必須敞開自己的內心而且說真話。

當我和孩子們在一起，
而你沒有加入時，
我會有挫折感。

有時候，我甚至以為
你是在躲著我們，
因為你和我們相處不愉快。

在討論過程中要注意某些說法會阻礙有建設性的意見交流。

比方說，一直說「你這個人」很傷感情，
使用「總是」和「從不」之類的詞彙，表示我們的腦部連結混亂，
因為我們陷入誇張、不懷好意、激進、防禦性攻擊的窘境中。

我才沒有
總是這樣或那樣。

如果你說我偶爾會這樣，
那麼我明白你的意思，
以後我會提醒自己注意。

把分手的能量轉化為重新連結的能量

這意味著跟他站在同一國，重新建立同理心的連結，
儘管意見不合仍然維持關係。
探訪對方的世界時，只需要把他說的話聽進去，不一定要贊同他。

檢視自己的內心，這是為了跟我們兩個人過去的歷史建立連結

這樣就能夠理解我們爭奪權力的背後隱藏著什麼。
很久以前(童年、胚胎時期以及跨越世代)的回憶，也在我們這對伴侶的生命史留下影響。

他／她有婚外情

發現伴侶有外遇時，絕對不可能心平氣和。
這是一場試煉，正如所有的試煉，若不是認輸之後緣盡情滅，就是撐過了繼續走下去，
重要的是，兩個人經歷這場試煉之後都變得更堅強。
這是有可能的，但是需要付出心力⋯⋯也需要時間。

婚外情的衝擊會因爲下列的情況而有所不同：

伴侶主動**揭露**　或者　自己偶然**發現**

他／她承認　或者　徹底否認

這是偶發狀況　或者　已經**持續了很久**

這是**第一次**　或者　以前就**發生過好幾次**

這是爲了**滿足某種缺憾**（性關係、情感支持等）　或者　這是**認眞的交往**

爲了將這場試煉化爲前進的轉機，在個人和伴侶方面都有一些功課要做：

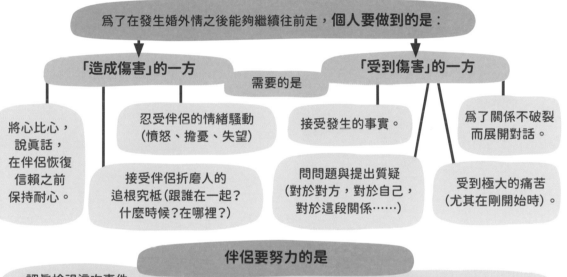

爲了在發生婚外情之後能夠繼續往前走，**個人要做到的是：**

「造成傷害」的一方　　需要的是　　「受到傷害」的一方

將心比心，
說眞話，
在伴侶恢復
信賴之前
保持耐心。

忍受伴侶的情緒騷動
（憤怒、擔憂、失望）

接受伴侶折磨人的
追根究柢（跟誰在一起？
什麼時候？在哪裡？）

接受發生的事實。

問問題與提出質疑
（對於對方，對於自己，
對於這段關係……）

受到極大的痛苦
（尤其在剛開始時）。

爲了關係不破裂
而展開對話。

伴侶要努力的是

認眞檢視這次事件
揭露的訊息，
包括伴侶犯下的錯
和彼此的關係受損。

藉由對話修補關係（信賴、關心……），
對話的內容可以納入愛的宣言、憤怒、安撫，
表達自己在乎的是什麼等等。

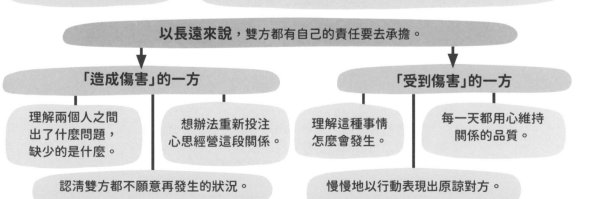

以長遠來說，雙方都有自己的責任要去承擔。

「造成傷害」的一方　　　　「受到傷害」的一方

理解兩個人之間
出了什麼問題，
缺少的是什麼。

想辦法重新投注
心思經營這段關係。

理解這種事情
怎麼會發生。

每一天都用心維持
關係的品質。

認清雙方都不願意再發生的狀況。

慢慢地以行動表現出原諒對方。

他／她突然很想留住青春

當孩子們長大時，父母的內心也會經歷一番變化。
活下去的迫切感和對於變老的恐懼（再老就要死掉了），
可能會讓某些人試著找回青春。

這會產生什麼狀況？爲什麼這會是個問題？

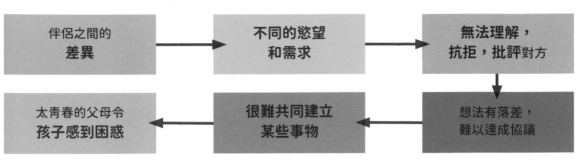

| 伴侶之間的**差異** | → | 不同的慾望和需求 | → | 無法理解，抗拒，批評對方 |

| 太靑春的父母令**孩子感到困惑** | ← | 很難共同建立某些事物 | ← | 想法有落差，難以達成協議 |

哪些方法可能有用？

容許對話

急著找回靑春的一方「**沒有意識到**」他的改變造成的困擾，
因爲他是不自覺地這麼做。

↓

所以該由另一方來**表達**：
說出他所觀察到的現象，他的感受，讓他覺得不舒服或受到威脅的地方。

> 我一眼就看得出你的改變。

> 我都快認不出你了。

> 我很擔心。

在這場對話中，重要的是讓對方**表達自己的想法**。

> 我希望我們有運動的習慣，還有力氣出去玩，跟得上時代……

> 如果你不想這麼做，我卻有此需要，所以我自己去做。

尋求可能達成的協議

承認一起變老，
不意味著以同樣的節奏變老。

要記得我們無法改變別人。
希望別人改變，甚至會導致完全相反的後果。

願意花時間去適應

如果視彼此爲隊友，
知道我們無論如何都會朝著同一個方向前進，
關係就可以維持下去。

如果伴侶的同盟關係不穩固，
我們會比較沒有安全感，
更難以忍受雙方之間的差距。

被對方貶低、支配、操縱是無法接受的……
可是有時候我們會縱容這種事，甚至長期縱容。
剛開始只是一些無關緊要的批評，之後就愈來愈超過，終於令人無法接受。

這是怎麼回事？

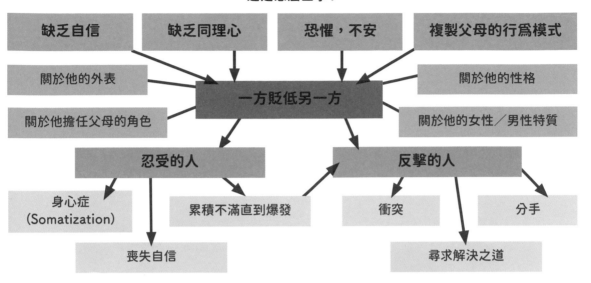

缺乏自信　　缺乏同理心　　恐懼，不安　　複製父母的行為模式

關於他的外表

關於他的性格

一方貶低另一方

關於他擔任父母的角色

關於他的女性／男性特質

忍受的人　　　　　　　　反擊的人

身心症 (Somatization)

累積不滿直到爆發

衝突

分手

喪失自信

尋求解決之道

被看不起的一方可以怎麼做？

不必試圖扮演對方的治療師：這注定是徒勞無功。

不用幫對方找藉口。

她看不起我，因為她自己的童年很辛苦……

因為他的工作壓力太大……

放棄沒完沒了的對罵（用一句侮辱的話回應對方的侮辱）。
試著說明自己和自己的感受：看看對方聽了會有什麼反應。

冷處理，用簡短的回應避免對方繼續跟你抬槓。

這只是你的意見／你的看法／你的個人詮釋！

隨便你怎麼說。

每個人都有自己的品味。

聽聽周圍的人的說法：他們觀察到什麼？失去活著的喜悅，
逆來順受，孤立無援……？聽聽我們的心中是否有共鳴。

跟你的伴侶談談

如果他／她有所回應，
你們就可以設法改善關係，接受諮商。

如果他／她無動於衷……
勇敢一點，你要考慮逃離了！

檢討自己，以免同樣的場面再度上演。

為什麼我竟然容許這種情況持續了這麼久？

他／她主張人只爲自己而活

偶爾發洩的不滿會被解讀成一時的決定，還是深思熟慮的選擇？無論哪一種情況，
這種放話的行爲都會擾亂穩定的生活……
或許不是非常高調地要求改變，
但是伴侶和家人之間的氣氛一定會出現明顯的變化。

如果自我中心並不是她主要的人格特質，怎麼會這樣呢？

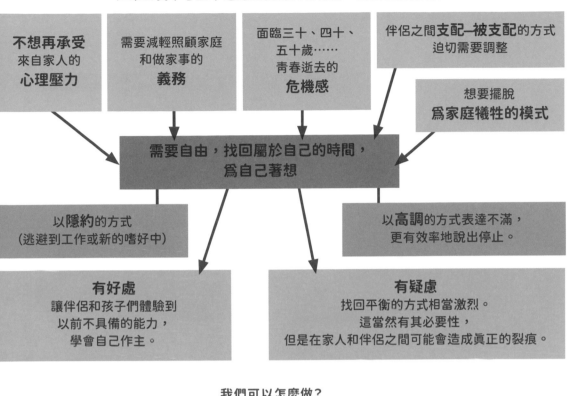

不想再承受 來自家人的 **心理壓力**	需要減輕照顧家庭 和做家事的 **義務**	面臨三十、四十、 五十歲…… 青春逝去的 **危機感**	伴侶之間**支配—被支配**的方式 迫切需要調整

想要擺脫
為家庭犧牲的模式

需要自由，找回屬於自己的時間，
為自己著想

以隱約的方式
(逃避到工作或新的嗜好中)

以**高調的方式**表達不滿，
更有效率地說出停止。

有好處
讓伴侶和孩子們體驗到
以前不具備的能力，
學會自己作主。

有疑慮
找回平衡的方式相當激烈。
這當然有其必要性，
但是在家人和伴侶之間可能會造成真正的裂痕。

我們可以怎麼做？

跟伴侶合作，共同檢討目前的狀況，
尋求可行的做法，這樣就不會是一人作主，
另一人承擔，而是兩個人一起做出的選擇。

> 我希望跟你一起商量出
> 一個比較好的工作分配模式。

讓伴侶中的每一位成員
都能重新擁有**自由的空間**，
這對於改善伴侶和家人之間的氣氛很有幫助。

> 好，你希望擁有更多
> 屬於自己的時間，
> 有哪些工作
> 可以讓我接手？

向全家人提出這項訴求，
和孩子們一起**找出解決的方法**。

> 我和媽媽，
> 我們想找你們討論家事的重新分配，
> 讓每個人的負擔更平均。

自己做安排，不必等到其他家庭成員明確表態配合：
決定花比較少的時間做家事，放掉某些項目，除非你認為有些事非做不可。

投入一項有趣的計畫、過充實的生活、追求進步……
像這種完全可以理解的需求，跟逃離婚姻與家庭生活的需求，其實很難區別。

這會產生哪些狀況？為什麼這會是個問題？

會出現問題的狀況如下……

父母其中一人
參與家庭生活
（幾乎是無所不在），
另一人卻缺席的
不平衡。

孩子們在教育
和情感方面**有缺憾**。

被另一名伴侶
放生的感覺。

熱衷於嗜好的一方也感到**挫折**，
覺得自己無法全心投入
自己的活動。

一股**怨氣**破壞了伴侶的生活，
而且無法深入討論。

身為伴侶中比較不熱衷於嗜好的那一方，可以怎麼做？

對於另一方的嗜好盡可能展現出興趣，但沒有必要逼自己真的去參與。
把這項嗜好列入「伴侶間的共同活動」，可以讓生活更豐富。

自從上次的球賽之後，
你們球隊的氣氛
還好嗎？

一起訂出行為準則，讓對方可以投入這項嗜好，
並且保證他也會出現在伴侶和家人的生活中。

你可以盡量參加練習和比賽，
這一點我不爭執。

但是周末一定要有一段時間
真正留給我，
這一點非常重要。

讓自己感染到這項嗜好的活力，找出值得自己投注心力的領域，
即使不是那麼非做不可。

我可以趁他去比賽的時候
重新展開我的修繕工作。

接受自己的角色是伴侶的守護者和定心丸，
努力不讓自己困在壞人的角色裡（妨礙別人的好事）。

當實際的情況難以忍受，或者對方長期下來無法信守承諾時，
無論舊事重提多少次，都要把這件事提出來討論。

他／她動不動就說要分手

無論是一時衝動、或者深思熟慮之後才提出分手的話題，
這種放話的行為，一定會改變兩人相處的氣氛……

為什麼會說出這種話？

會說出分手是因為……

在這段關係中看不到好轉的跡象或出路而感到**沮喪**。	想要**喚醒、質問或者動搖**對方，使他注意到相處上有多大的困難。	**基本的問題沒有好好處理，**毫無進展。	對於對方已經沒有**愛的感覺了**。

在這段關係中要如何調整自己？

認真看待這種情況：
除非是有意的情感勒索，會說出這種話的人心裡並不好受。

聽我說，我認為我們必須考慮分手！

我們或許可以分開一個周末，各自冷靜思考，然後想辦法討論這件事。

付出努力： 當關係出現警訊、但還沒有破裂時，這是做得到的。

列出一再出現的問題，並且檢討是什麼樣的事情。

承認每個人都有自己的觀點，一個人的觀點必定與另一人有所不同。

努力**修補關係**先從**原諒**開始。

付出空間和時間維護這段伴侶關係，找出兩人之間的默契並且修補關係。

求助於心懷善意而且旁觀者清的**親朋好友**以獲得他們的指引和鼓勵。

可以考慮是否有必要一起尋求**外部的協助**。

當伴侶的同盟關係不穩固時，最好的商量對象是婚姻諮商的專家。
他們可以幫助當事人公正客觀地看待事實，
修復安全感，有利於重啟對話。

如果未來的路，
我們要攜手同行

跟自我建立連結：學會調整情緒與能量

當我們有了終身伴侶跟孩子之後，我們和他們的關係是如此緊密，很容易就忘了自己的存在！

我們滿腦子所想的都是珍愛之人的需求和慾望，不管他們是大人或小孩，我們卻不一定會持續關注自己的需求和慾望。

以猶太基督教文化為基礎的教育難免會強調，人們把自我視為生活的中心，這樣做是很自私的。這項誤解在我們的生活中已經存在太久，如今應該要被修正了。

學習跟自我連結是非常重要的，也就是學著去感受自己身上發生的事；當我們對自己內心的狀態愈是了解，
◎愈能夠調整自己的情緒和能量；
◎愈能夠適應別人（伴侶、孩子、朋友、父母、同事等）的情緒和能量的狀態。

現在，大家夠清楚了嗎？
那麼，讓我們再說一次，如果……

想要照顧別人（以及與他們維持關係），
至少要先把自己照顧好（與自己建立連結）。

但是，照顧自己未必是去棕櫚海灘度假，或者上美容沙龍保養（即使偶爾去一次無傷大雅！）

它的意思是：照顧自己的情緒、身心，以及精神狀態（如果可能的話）。我們可以經由練習，使自己的意識更清醒，更具有察覺的能力。
這個觀念就是認識自我，放棄與跟自我的對抗，聆聽自己的深層需求（身體提出的需求，因為身體從不說謊），並且在生活許可的情況下，盡可能做出調整。

我們若想要跟自我建立連結，把自己真正照顧好，有很多條路可以走。

找出讓自己愉快或振作的事物

當我們情緒激動，覺得受到侵犯，整個人疲倦、多疑、易怒，當我們覺得應付不了接下來的談話，甚至是愈來愈激烈的爭吵，這時候最重要的就是叫暫停。能夠說出「停」，把心思轉移到能讓自己平靜下來的事物，調整好自己的心情，使自己跟自己重新連結，接下來才能夠從容地面對別人。

比方說，我們可以決定是要躲在被窩裡，到窗邊透透氣，做幾下伸展，泡個澡，出去走一走，或者跑步，喝一大杯水，玩自己的樂器，專心做一件可以集中注意力的事，諸如此類。

伴侶或家中的每一名成員都可以列出「讓自己愉快或振作的事物」這樣的清單，當成未來人生路途上的救命錦囊。參照第168頁〈錦囊遊戲〉，讓全家人以遊戲的方式進行這項活動，即使只是列一張清單，家裡的每個成員都會感受到，家中的氣氛變得比較和緩了。

接受當下的狀態

我們會慢慢發現，人在當下的心態只是一時的，所有的事物都持續變動。重要的是不讓負面的心態有機會入侵，也不要忍受一發不可收拾的滾雪球效應。

舉個例子：

> 我累了，但是我不應該這麼累，我心裡有哪裡覺得不安嗎？我應該動一動，
> 因為我有那麼多事要做，可是我做不到，我真的是一事無成等等。

當我們覺得無精打采的時候，奧妙之處就在於接受當下的狀態，順其自然等這段期間度過，無論我們有多麼不愉快。生活中最累的事情就是對抗自己。當我們處於對抗狀態，人也會變得緊繃僵硬，讓周圍的人很不舒服。

我們可以簡單地告訴別人（伴侶、小孩），自己目前的「狀況」不適合（例如：討論某一個話題，思考某一個問題，開始進行某一項工作……），等到我們覺得時機更適當，恢復了精力之後再說。人的狀態不會一直穩定，總有高低起伏，箇中的藝術就在於順勢而為，或者懂得見機行事，等到迎來下一波精力的高峰再採取行動會比較好。

對自己堅定而溫和的這番努力，也使我們能夠以堅定溫和的態度去對待別人、伴侶或孩子。既然我們可以沒有「力氣」去做某件事，其他人也可以沒有足夠的力氣立即回應我們的請求。

學著提出要求，等待別人回應時給對方留一些緩衝的餘地，這一點對於伴侶和家庭生活非常重要。對每個人來說，這都是比較負責任的做法。

調整情緒與能量的技巧

我們在網路上就可以搜尋到許多相關技巧和方法，而且大部分是免費的。

(一)呼吸法

最容易取得、而且效果立竿見影的，就是呼吸。當我們執著於往事，或者揣測著未來的時候，想要脫離此刻的心境，最直接的方式就是呼吸。呼吸可以把聰明睿智的心思拉回身體裡，拉回到當下。呼吸可以讓我們找回重心、秩序和內心的平靜。

有好幾種呼吸技巧可以在這方面發揮作用，其中最多人採用（網路上的資源與相關APP很多）的是**諧振式呼吸®**。只要練習個五分鐘，就可以使呼吸規律，身體和情緒的狀態更穩定。它的某些效果是立竿見影的。如果我們規律練習，比方說每天三次，其它的效果也會慢慢顯現。練習諧振式呼吸法有很多好處，例如讓我們的情緒更穩定，感覺自己更有活力，舒緩緊張，減少衝動行為，體重變輕，改善上癮症狀等等。

在投入一項工作之前，利用這種方式來收心也很有效。諧振式呼吸法不僅對父母來說很好用，對於孩子的學業表現也有幫助。

說到容易自學上手的呼吸法，第170頁〈有意識的呼吸〉也介紹了另一種選擇，可以自己體驗，也可以推薦給家裡的其他成員。

(二)放鬆技巧

接下來是各種放鬆的技巧，同樣能幫助我們重新與身體的感受連結，避免自己繼續胡思亂想。

最簡單、而且效果數一數二的方法，就是藉由肌肉的收縮／放鬆來達到舒緩。比方說，當我們非常緊張，可以練習「傑克遜（Jacobson）放鬆法」來幫助睡眠，而且這個方法對於父母跟孩子來說都有很好的效果。

第172頁的〈我放鬆，你放鬆，大家放輕鬆〉說明父母如何練習這種放鬆法，以及如何把它介紹給孩子。

這一頁還另外介紹了「樹木放鬆法」，幫助我們感覺自己跟大地和天空有所連結。在一整天的任何時刻，我們都可以練習這種放鬆法讓心安定下來，讓自己再度充滿活力並且找回靈感。這種放鬆法對於父母和孩子同樣有幫助。

(三)冥想與自我催眠

接著要介紹的，是各種引導冥想和自我催眠的資源，有助於集中精神，讓心情平靜下來，逐漸找出解決之道，使我們的關係得以進展。冥想和自我催眠的主題五花八門，在網路上可以搜尋到非常多的資源，大家不妨在嘗試之後，挑出效果最好的方法。

此外，我們也可以參考一些探討伴侶關係而且深具啟發性的心得分享（在網路上用關鍵字搜尋就可以免費聆聽的Youtube影片或Podcast）。這也需要大家自行尋找，一一嘗試體驗，然後篩選出對自己有幫助的內容。

(四)情緒釋放技巧

關於處理情緒的部分，有一項資源問世不久，知名度也沒有那麼高，但是真的很值得注意：那就是被稱為**EFT**（Emotional Freedom Technique）[1] 的情緒釋放技巧。

這項技巧光憑描述很難讓人心領神會，甚至深信不疑，因為最有說服力的方式還是親身體驗。雖然由EFT的講師來帶領的效果會更好，這項技巧的優點是，我們可以單獨運用它來進行自我治療，管理日常生活的情緒。

它的原則，其實就是當心中出現了任何不愉快的情緒或感受，或者痛苦的想法，我們就試著捕捉（一旦我們辨認得出來），並且將它說出口，這是為了接納它，承認它的存在，而且我們沒有跟它合為一體。「我並不等於我所有的恐懼，所有的憤怒，所有身體上的痛苦。我就是我，我已經克服了（當然有時候會受到侵擾，但不是每次都如此）這種不愉快的情緒／感受，或者痛苦的想法。」

這種療法就是去描述我們的感受，我們的想法，同時輕輕敲打一些位於身體不同部位的特定穴位：換句話說，我們刺激身體的能量點，來化解心理、身體和情緒上的一些糾結。這樣做真的有效！

第174頁的〈利用EFT來管控情緒〉，就是根據伴侶生活中時常出現的兩種情境來介紹這項技巧的運用方式，以及相對應的穴位。

另一個自我治療情緒的選項是**Tippi療法**，這種療法讓人學著接納某種情緒，忍受它出現在體內，給它留個位置，對它而言有必要的位置，使它能夠漸漸減弱、甚至完全消失。每個人可以找出最適合自己的方式。到了這個階段，最重要的是知道有這種情緒存在……並且準備好去體驗它。

(五) 按摩

為了使情緒和能量的自我調整更順利，千萬別忽略按摩和自我按摩的力量：

● 為了自己，透過自我按摩來接收或者獲取力量；
● 為了某個家庭成員（伴侶或孩子），我們可以嘗試不同的方式，當然是跟對方一起調整。

為別人按摩是非常奇妙的溝通媒介，尤其是當伴侶或者親子之間無話可說或者溝通不良的時候。

第178頁的〈能量醫療〉介紹的幾個動作和姿勢，可以調和身體的能量，長遠來看，這種方法也能夠照顧到我們的伴侶和家人。

(六) 各種身體活動

最後，別忘了還有各式各樣身體活動，能幫助我們更容易「感受」到自己的內在，這可以從兩方面來看（自我察覺、自我理解，以及讓身體感覺更舒服）：這並不是逃避自我，而是學習找回身體的智慧，擺脫煩躁的思緒。

在這份永遠列不完的清單中，信手拈來的例子包括：各種形式的瑜珈、太極與氣功、伸展、游泳、走路（阿富汗式健走或北方式健走）、彼拉提斯、跳舞等等。

我們每個人可以去找出最適合自己、覺得最舒服的活動。既然身體是名符其實的心靈殿堂，我們把身體照顧得愈好，用適當的方法去刺激它，身體就愈能夠為內在心靈發揮夥伴和療癒者的作用。

1｜情緒釋放技巧(EFT)是一位名叫格里·克雷格(Gary Graig)的美國工程師，根據羅傑·葛拉罕(Roger Callahan)的心境療法(Thought Field Therapy，簡稱TFT)，於1993年提出的概念。羅傑·葛拉罕是精神科醫師，他在偶然間發現一個人如果專心想著某種很具體的恐懼，同時用指尖輕輕敲打某些穴道的位置，可以使這項恐懼消失。情緒釋放技巧可以說是心境療法的簡化版。

跟他人建立連結：溝通和傾聽的方法

正如前一個章節所說，與他人連結必須先透過與自我的連結。為了能夠找到他人所在之處，我們有必要知道、並感覺自己的所在之處。當我們愈穩定，對自己的定位就會愈清楚；我們愈能夠與自我連結，就愈容易與他人溝通，無論是自己的伴侶，或者是家中的任何一位孩子。

既然如此，我們就來看看有哪些重要的因素，能夠幫助我們與家人的對話、相處、互相傾聽、彼此理解、與他人連結，讓我們彼此的看法或許不同、卻依然能夠和平相處。

●在日常生活中，盡可能做到主動傾聽(2)，意思就是願意聽別人跟我們說什麼，專心傾聽，並表現出同理心，確定充分理解了對方想表達的內容，提出一些問題，讓自己更能夠理解對方，若有可能，我們重新敘述對方的話來確認我們的理解無誤。第180頁的〈我傾聽讓對方能夠表達〉，提供了更具體明白的做法。

非暴力溝通

●盡可能地掌握非暴力溝通(3)的精髓，它是建立在四項基礎上：觀察－感受－需要－請求。希望藉由這項技巧，發展出一套有幫助而且有效的人際溝通模式，使我們與自己、跟他人之間的關係都能保持和平。它的過程如下：

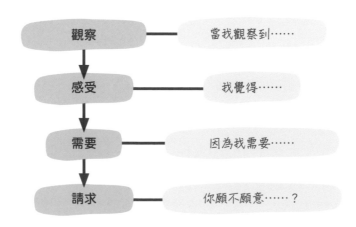

觀察 —— 當我觀察到……

感受 —— 我覺得……

需要 —— 因為我需要……

請求 —— 你願不願意……？

一開始時，我們可能很難照著做，因為這種書本上的對話模式，跟日常生活真正的說話方式相比，往往顯得「脫節」。可是一旦了解這種說話方式的力量，並且融入自己的風格，就可以將它運用在與伴侶和家人相處的日常生活中。

到最後，我們會樂於採用這種說話方式，不再游移。非暴力溝通已經成為我們與人交往相處的風格，而且這對於每個人，無論是伴侶或家人都有好處！

為了更具體說明，以下所舉的例子是脫口而出，帶有批判意味的對話，其中既沒有表達需要，也沒有提出請求：

> 你一整個晚上都在擺臭臉。我真的不知道原因是什麼。感覺實在很差。
> 下次別再期待我安排一場這樣的晚宴。
> 如果只是為了換來你的臭臉，謝謝不必了。

以下的說法傳達了相同的意思，但是遵循了非暴力溝通的原則：

> 你今天晚上看起來真的是心不在焉，而且無精打彩。
> 我很擔心，也很困擾，因為我需要感覺跟你有連結，而且你就在那裡。
> 你願不願意跟我解釋你今天晚上發生了什麼事？你的解釋可以讓我安心。

從這段話中可以找出四個要點，也就是觀察、感受、需要和請求。這種說話方式有點文謅謅和小心翼翼，但是我們可以把它加以簡化，只要能夠區別觀察和感受的不同，也能夠分辨需要和請求的差異，我們就不必把話說得那麼仔細清楚。

你可以只簡單地說：

> 你今天晚上看起來真的是心不在焉。我很擔心，
> 而且我不確定知道你發生了什麼事。你可以告訴我嗎？

---

2 | 《以人為中心的說話方式》（*L'Approche Centrée sur la Personne*）是美國精神科醫師與心理治療師卡爾．羅傑斯（Carl Rogers）的主張，他運用這些主張來提升關係治療的效果，而且他的建議逐漸在人際關係的各個領域中（家庭、企業等）發揮影響力。

3 | 《非暴力溝通》（*La Communication Non Violente*）是美國精神科醫師馬歇爾．羅森堡（Marshall Rosenberg）的主張，他也有受到卡爾．羅傑斯與甘地的影響。

不同的人對話，不妨去尋找一些關於個性或行為的模型，使我們更容易了解自己，也能了解那些跟我們親近、但必然不相同的人。在比較有名而且容易入門的模型中，我們舉出幾個代表：

◎九形人格(L'Ennéagramme)，這種模型將人的性格分成九大類，每個人可以找到符合自己的性格原型，並且看出一生當中可能產生的變化。

◎四色法(La méthode 4Colors)，有些企業會採用這種模型，使人能夠依據自己的行為能力，發展出某種作法，面對生活改變、人際關係和職場將更容易獲得成功。

◎溝通過程(La Process Com)，同樣是企業會採用的模型，它能夠使人對於自我和周圍的人產生更大的好奇心，有助於發展人際關係。

◎MBTI，有些企業的講師或人資部門，採用這種模型來評估一個人的職涯發展前景。

◎主導圖卡（正向教養），這是一種給父母和教師使用的模型，如今應用的範圍已經擴及到企業。它指出有四大類的行為模式，當人面臨壓力時比較容易察覺。這種模型幫助人們更了解自己，更了解周圍的人，也更容易與人互動。

我們可以透過一些書籍，或者網路上提供的測驗和介紹來接觸這些模型，但最好還是經由課程或是個別引導來發現和體驗。

接下來，我們從最有名、而且最容易入門的模型當中，挑選幾個加以介紹。這些模型有助於了解別人跟自己的不同，體會與人交往的藝術：

◎愛之語(Les langages de l'amour) [4]：這個模型使人了解到說「我愛你」的方法有很多種。當我們說的語言跟伴侶或孩子使用的語言不同時，就容易累積誤解，失望亦然。作者提出的五大語言，包括話語、身體動作、有品質的相處時刻、禮物和提供的服務，每個人都可以找到自己和珍愛的人所擅長的語言。〈大受歡迎測試〉（Le test de vulgarisation）在網路上就搜尋得到，可以把它當作一項有趣又好玩的活動，跟伴侶或家人一起同樂。

◎火星人與金星人 [5]：這個模型讓我們了解到男女之間是有一些差異的……這提醒了某些伴侶，別以為一再發生的相處困難是非常個人的問題，其實這些困難

比人們所想像的還要普遍。尤其是原作有一個改編成戲劇的版本，可以讓人們用幽默、容易入門，而且不帶罪惡感的方式去探討問題。

◎**托爾特克人的四項約定**：這個模型受到先人智慧的啟發[6]，可以引導我們解開人際關係的束縛。

談話和文字中的交流

●花時間交談。

除了認識不同的個性模型，在日常生活中，最重要的是，要安排時間讓伴侶或家人彼此可以心平氣和地交談，互相調整適應，甚至訂出一份真正的「未來路線圖」。健行者在抵達目的地之前，都會不時停下來確認自己所在的位置，重新檢查路線是否正確。

與其等待完美的情境出現，不如從日常生活中一步一步著手，當傾聽和接納的需求得到滿足，而且按照正確的順序進行，我們和伴侶、家人的關係就會有所改善。兩個人開車出門透透氣，或者一起去散步，都可以達到交流的目的。

每個人（輪流）先說他欣賞對方的哪一點，接著才說他到目前為止難以接受的是哪一點。當正面的讚美首先被提出來，兩人的關係「安全」了，對方說我們的行事作風有哪裡讓他難以接受，我們也比較聽得進去。以下是一對伴侶之間交換想法的例子：

4｜《愛之語》(*Les langages de l'amour*) 的作者蓋瑞·巧門 (Gary Chapman) 是婚姻諮商師、傳教士和美國知名的作家。
5｜《男人來自火星，女人來自金星》的作者是美國的作家和心理治療師約翰·格雷 (John Gray)。
6｜編按：源於墨西哥托爾特克 (Toltec) 文明，四項約定分別是：一、讓語言保持正直無偽；二、別認為凡事都是針對你；三、不要妄作假設；四、時時刻刻全力以赴。

他說：

我啊，最近我很欣賞的，就是上次家族聚餐時，你引導我加入你父母聊天的話題，讓我覺得跟你們相處很自在，我也有我的位置。在一般情況下，我希望週末時你給我更多獨處的時間，這樣比較好。等我處理好自己的事，就更容易回到你和孩子的身邊。

她說：

至於我，一直很欣賞你的一點，就是你會尊重每一個人的意見，對於別人的想法真正感興趣。具體的例子就是，前幾天我真的很感謝你願意花時間陪老大做功課，他因為數學不好而垂頭喪氣。你讓他心情好多了，我也比較放心。

他說：

我覺得比較為難的是，你對於待辦事項異常堅持，彷彿全部的工作一定要在今天之內完成。我知道你會要求進度，可是當你這麼固執的時候，在你旁邊的人真的滿困擾的。我自己也要長進，以免老是覺得受到攻擊而想要躲遠一點。

她說：

我呢，還是難以接受，你花這麼多的時間在電腦上。即使我知道看新聞，回覆工作上的電子郵件和簡訊，還有你的消遣活動，加起來就是需要不少時間，但我有時候還是忍不住會覺得你在逃避，你躲著我們，我和孩子們引不起你的興趣。這種感覺也不是一直持續，有時候我覺得還好，可是有時候真的很難受。

●利用書寫的方式。

在爭吵過後，如果我們希望比較平靜地表達自己的想法，或者有什麼事情難以啟齒時，寫信不失為一個絕佳的溝通方式，因為我們可以斟酌自己的遣詞用字，而不至於讓情緒太激動。第182頁的〈我表達讓對方能聽得到〉提供了具體的方式引導我們這樣做。

修補彼此的關係

當我們覺得迷惑或者受傷，經歷過孤單的時刻和情緒平復的階段，接下來要做的就是修補彼此的關係。我們之所以請求原諒，並不是因為引發了爭吵，而是因為不恰當的反應造成對方的痛苦或壓力。

我們要知道，相較於引發爭吵的主因，真正需要維護的是彼此的關係。當對方收到原諒的請求，願意跟你重建關係，你們就能夠一起找出徹底解決問題的辦法。

（一）解決危機的3R工具

善用正向教養的工具「修補關係的3個R」，我們能憑藉這個可靠的指引度過危機。

承認　➡　和解　➡　解決

第184頁〈正向教養的3R〉所介紹的幾種說法，可以運用在這個分成三階段的策略中。

再一次提醒，我們在剛開始這麼做的時候可能會感到不自在，因為這不是我們的習慣作風，或許自己也覺得怪怪的，怕表現得不夠自然，而當我們想要嘗試新的相處方式，也會擔心對方的反應。

事實上，請求對方原諒，承認自己的情緒太激動，承認自己有弱點，承擔自己該負起的責任，這一切並不是那麼容易。我們這麼做可能讓我們自己處於劣勢，因為對方會因此擺出高姿態，或者趁機把太滿的情緒全部發洩出來。但是，踏出舒適圈去接受挑戰始終是值得的，因為人就是在接受挑戰的時候才有進步，才能找到出路。一旦我們確定這樣做真的有好處，就再也不會回到舊的方式了。

（二）持續抱持同理心

除了在關係出現危機時使用3R工具，修補關係也有長期持續的做法，就像燙傷或傷口上的膏藥，它的神奇成分就是我們所謂的「同理心」。我們可以採取更溫和一點的說法，更柔軟一點的動作，更洽到好處的關心來修補關係，重點就在於細心體貼，對於自己、對方和彼此相處的情況認真看待。

順帶一提，我們和伴侶和家人之間的關係愈好，對於家庭以外人際關係的重視和修補也會掌握得更好：父母跟同事朋友之間的關係如此，孩子在校內校外跟朋友之間的關係也是如此。這樣做是很值得的。

第185頁的〈在日常生活中修補關係〉，我們會看到如何對他人（伴侶、孩子）表達關心，這有助於在日常生活中維持和諧的人際關係。

第186頁〈檢視依附關係：火柴人活動〉[6]，我們能明白在與他人（伴侶、孩子、父母等等）的關係當中，包含了有自覺的依附關係與不自覺的依附關係。然而，依附並不是愛，只會使我們依賴別人。

這項活動看似孩子氣，有些人會以為這沒什麼大不了的，其實它有非常深刻而且強大的力量，足以切斷依附的關係，使自己和對方從有害的關係中解脫，只保留關係中最好的部分。

採取修補的措施是為了使雙方的良好關係更長久；不僅關係能夠延續，而且是以有品質的方式延續，參與這項活動的人也會因此受到啟發。

6｜這個遊戲來自於賈克·馬泰（Jacques　Martel　）的著作《ATMA愛的力量：如何找回自我的生命潛力》，ATMA出版社，2013。

解決衝突和尋求解方

把家人日常相處出現的某個問題，搬到檯面上來討論，每個人從自己的立場去檢視它（用自己的思考方式），而且每個人都可以提出建議，一起來找出解決的方法，無論這個問題是因為每個人看法不同、或者處理方式的差異。

跟伴侶和家人一起尋求解方，這會是一種心態，可能一開始就存在，或者在過程中逐漸產生的。這種心態就是說：

嘿！我們是要找出犯錯的人，還是解決問題？

問題不在於追究誰做錯了，或者誰的看法錯了，而比較傾向於：

現在我們可以怎麼做？

跟伴侶和家人一起尋求解決的方法，同時也是一種反思，利用對問題的好奇心，踏出尋求解方的第一步。

舉個例子：

怎麼做可以讓事情進行得更順利？

或者

誰可以讓我們⋯⋯／幫助我們⋯⋯？

甚至

為了達成目的，我們會需要什麼⋯⋯？

尋求解決的方法，也是一種處理事情的態度，在某些情況下可能看起來不太正式，遇到另外一些情況時比較正式與慎重。

非正式的態度其實就是讓自己展開反思，因為對問題的好奇心，在日常生活中詢問對方（伴侶或者家人）：

你對這件事是怎麼想的？　　　你對這個情況有什麼看法？

依你之見我們可以怎麼做？

正式的態度則是表明意圖，我們把某項困難、某個問題、某一種確認或觀察到的異常狀況搬上檯面，並且正式請求其他人提供建議，共同商量出一個高明的解決辦法。

伴侶之間的例子：

> 我注意到這段時間以來，我們再也無法好好討論財務的問題。
> 我們應該怎麼做，才能夠重新討論這件事？

家人之間的例子：

> 我和媽媽觀察到家裡很快又變成一團亂／
> 這段期間大家在餐桌上都不能保持心平氣和／
> 我們幾乎每天早上出門時都快要遲到。

然後就是提出問題：

> 誰能夠讓我們……？

準備一處可以寫字的地方（大張的紙，紙板或牆上的白板），把每個人的建議都記下來，不必篩選。在這份清單上，我們決定只保留有幫助的項目。我們挑出一項建議，認真嘗試一段時間，然後評估它的成效，討論是要繼續這麼做，或者嘗試別的做法。

再一次提醒，除了家人彼此商量，當父母的也可以參加正向教養工作坊，在研討過程提出狀況，跟其他的父母一起尋求解決的辦法。當父母學到一套非常強大的分析架構之後，就可以根據某個近期出現的具體狀況，努力改善跟孩子之間的關係，並且採納其他父母有用的建議。

尋求解方所帶來的力量，對伴侶來說很珍貴，對家人來說也一樣。愈是自我鍛鍊，就愈有能力成為尋求解方的人（而不是找出犯錯者的人）。

我們從

> 誰要負責？

變成

> 我們可以怎麼做？

如果我們跳脫了特定的問題，看得比較廣一些，甚至從精神層面來看，這股力量可以開拓更大的可能性，但是，生活的壓力很容易讓我們的眼光和可能的行動受到侷限。因此這種尋求解方的態度，對伴侶和家人來說都是有必要的，甚至在我們跟其他人互動往來的情境中，也同樣適用。

我們把生命視為好像有各種可能，好像有轉機，我們覺得可以主導，有能力面對發生的事情，可以一起採取行動讓情況改善，這不就是看到了充滿生命與活力的未來？

安排日常行程的藝術

為了配合伴侶和家人的行程而特地約時間，安排聚會，這可是一門藝術。既然我們會跟美髮師、牙醫師或銀行理專約時間，為什麼不跟家人約定某個時間來處理重要的事，讓大家一起好好地過日子？

●完成行事曆上的重點項目

我們能夠對於未來的幾週懷抱期盼（這跟活在當下不見得有衝突）：跟伴侶一起訂出與工作相關、以及與家庭相關的兩份行事曆，並且確定每一份都納入了重要的項目；日常生活有一長串的事項必須處理，要花心思適當地分配每個人擔任的角色。

●召開家庭會議討論聚會的安排

◎安排即將到來的週末時光：

> 哪些是一定得花時間處理的事？
> （估計所需要的時間）

> 哪些是我們想做的事？

> 哪些活動需要獨自進行，
> 哪些活動大家可以分擔、或者一起參加？

> 所有的事情都能夠在週末完成嗎？

◎準備某個特殊事件：

無論是接待家人，舉辦一場宴會，準備搬家等等：若希望大家的氣氛和諧，很大一部分是來自於期盼的心情、流程的安排，與職務的分配，這就需要運用各種巧思，讓所有的人合作參與。我們愈知道如何讓每個人依據自己的才能、靈感和熱情找到自己的定位，事情的進展就愈順利，結果也愈令人滿意。

鼓勵是最好的關係處方箋

在一座花園裡，選擇每天優先為某些植物澆水，那是因為我們想看到它們成長，這麼做理所當然。在生活中，說到經營日常關係（與別人的關係、以及跟自我的關係），就跟照顧花園的情況完全相同，而且我們還得要有意願，相信這麼做有好處，並且付諸行動！

就像我們面對很多的事情，只有親身去經歷、體驗，才會真正感受到它們的好處……而且說不定再也不願意走回頭路。

阿德勒（Alfred Adler）醫師在他的診間開出了「鼓勵」的處方箋（由父母提供給孩子），德雷克斯（Rudolf Dreikurs）醫師再把阿德勒的理念發揚光大。德雷克斯提出了一個很有啟發性的隱喻，值得父母深思：鼓勵之於孩童，如同水之於植物。

這項說法不僅適用於孩子，對於成年人同樣適用，尤其是父母。有多少次，我們對於自己為人父母或者伴侶的身分感到灰心喪氣？

連我們自己都灰心的時候，要如何鼓勵對方？鼓勵，意味著「給予力量，激發勇氣」。讓我們重新回到生命能量的話題。如果我們自己的儲存幾乎枯竭，生命能量無法像過往般的循環不息，此時還想要激起對方的勇氣，就更為困難了。

然而，這種生命能量，來自於餵給自己許多小事物，尤其是日常生活中的一些小小的滿足：在那些短暫的片刻中，我們察覺到可以為自己做到的、主導的、完成的、

經歷的事物，而感到喜悅。

(一) 鼓舞自己

●第一項工具就是把自己完成的事記下來（用小筆記本，或者記在手機內的記事本都行，只要能夠隨手記錄就好。）這樣一來，我們就可以記住自己有能力做到，或者體驗過的一切事物，並且為自己感到開心。

可以記錄的事情例如：
◎一直積壓著、終於可以擺脫的事：

> 啊，我完成了，總算可以鬆一口氣！

◎覺得很困難、但是最後完成的事：

> 我真為自己驕傲，我做到了！

◎從來不敢奢望，終於獨自（或者跟別人一起）享受到的短暫片刻：

> 我好開心能夠享受到如此美好的時光！

◎諸如此類的例子。

我們可能會以為，只有重要的行動或事件才值得記下來。事實上，愈微小的事情愈好，因為這表示我們能夠在人生的路途中，有自覺地掌握住任何小小的滿足。為了鼓勵自己，沒有比這個更好的了！

> 我很開心把這一堆衣服燙好了／
> 把這些拖太久的郵件處理完了。

> 我很高興有花時間打電話問候我那位年紀很大的阿姨。

> 我很得意能夠對這種新的推銷話術說不。

> 我很滿意我更換了書房的擺設。

> 我很開心今天有時間可以冥想放鬆一下。

(二)用鼓勵表達感謝

● 第二項工具是選擇用鼓勵的方式表達感謝，告訴別人我們欣賞他們的意見或行為。我們經常有這種念頭，卻不常把它說出口。對於他人和自己而言，感謝真的就像一劑有幸福感的荷爾蒙（催產素、多巴胺、血清素）。換句話說，施者與受者同樣有福！至於共同生活的伴侶和家人，感謝也讓大家的心更容易凝聚在一起。

為了適當地說出鼓勵的話，簡·尼爾森建議我們把鼓勵區分為三個等級：

● 描述型的鼓勵：

> 我有注意到你做了這件事，我有看到你的努力等等。

● 感謝型的鼓勵：

> 我感謝你的協助，你的投入，你處理事情的方式等等。

● 強調能力的鼓勵：

> 我認為你有能力，我知道你做得到，諸如此類。

我們由此得知，要表達感謝，首先從日常生活中那些「意味深長的眼神」開始，而不只是滔滔不絕稱讚別人的能力。眼神的改變愈多，真正的改變也愈多。

(三)鼓勵而不是恭維

● 第三項工具是區分恭維和鼓勵。恭維的話讓人聽起來愉快，這無庸置疑，但是它不像鼓勵這麼有力量。如果我們對自己的伴侶或者自己的孩子這麼說：

> 哇，這個結果很棒，你很優秀！我以你為榮！

這種說法的效果比不上：

> 你知道你付出了多少努力才有這樣的結果？你還記得當時……？你真的值得驕傲！

這個概念就是在對方努力的過程中真正陪伴在他身邊，以他為中心，同時不讓自我消失，這樣才能盡可能地、而且不錯過任何機會給他鼓勵的目光。

看見關係的全面，與階段性循環

●以有條理的方式綜觀自己與伴侶或家人相處的狀態。換句話說，你要能夠提出以下的問題：

> 我們之間發生了什麼事？

> 我們這對伴侶的故事進展到什麼階段？

> 家人的處境又是如何？

我們需要有這種「爬到鳥背上」的視野，才能夠從高處或者遠一點的地方，綜觀整個局勢。凡是能夠使人拉開一段距離的技巧，例如自我催眠、引導冥想、關係視覺化，都可以試試看。

●把心思放在互動方式和關係上，而不是專注於某些人身上：

> 現階段我們應該如何調整？

這個提問，暗示了調整是大家都需要承擔的責任，而且基於共同生活的需要，這樣的調整將會一再發生。

●將伴侶生涯視為接連不斷的循環，而不是直線進展的故事。兩個人的生活自有其季節變化[7]，在記憶中，它可能是按照我們所知的順序，或者是另一種順序，某些季節延續得比較久，或者比其它季節更頻繁出現。這種季節的類比，使我們發現每一個階段都有它存在的理由，它是下一個階段的前奏，從整體來看，它使我們更了解伴侶關係有著一再循環的力量。

●有需要的時候，可以獨自（或者在別人的陪伴下）花一段時間重讀我們和伴侶及家人的故事。在重讀的過程中，我們可能會浮現一些後續指引，而後面的故事還要繼續下去。

---

7 | 這個方法的靈感來自於蓋瑞‧巧門（Gary Chapman）的著作《婚姻的四季》。

改變親子、夫妻與家庭氣氛的實用技巧

錦囊遊戲

這是全家人一起進行的活動，
但如果不是每個人都準備好要玩這個遊戲，先從自己開始做起！

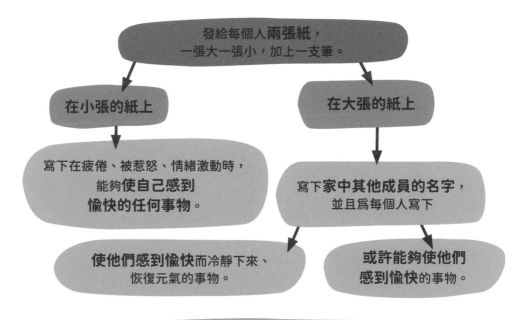

發給每個人**兩張紙**，
一張大一張小，加上一支筆。

在小張的紙上

在大張的紙上

寫下在疲倦、被惹怒、情緒激動時，
能夠**使自己感到
愉快的任何事物**。

寫下**家中其他成員的名字**，
並且爲每個人寫下

使他們感到愉快而冷靜下來、
恢復元氣的事物。

**或許能夠使他們
感到愉快**的事物。

輪流分享。
每個人趁此可以得到靈感，增補自己的項目。

建立自己的錦囊、並且畫下來，
它的內容是能夠使自己感到愉快，幫助自己度過難受時刻的任何事物。

每個錦囊的圖片可以**張貼**在冰箱或者布告板上，
這樣才容易記住，需要用到的時候就可以回想起來。

使我感到愉快的事物：
——————————

- 踢足球
- 捶打枕頭
- 窩在我的懶骨頭沙發上
  看漫畫
- 畫畫
- 揉捏我的減壓球
                          馬提歐

馬提歐

使他感到 愉快的事物： ——————	我想能夠使他 感到愉快的事物： ——————
找回他的小被被 （藏在他的枕頭底下 但還是很有用）	在他房間裡 掛一顆拳擊球 爸爸

馬提歐

使他感到 愉快的事物： ——————	我想能夠使他 感到愉快的事物： ——————
水能使他平靜 （但不一定要泡澡， 只用水把臉弄濕 或者洗手也行）	用他的小被被 使他平靜下來， 情緒得到安撫 媽媽

有意識的呼吸

第一個動作：
我以**緩和漫長的呼吸**排除滿溢的壓力。

當我感覺壓力向我襲來：
就像一台蒸汽機，我要排除壓力（以及體內所有的緊張感）。
只要我有需要，這個動作做多少次都可以。

第二個動作：
我重新掌控我的呼吸，**有自覺的吸氣，緩和而漫長。**

花時間感覺到胸腔擴大，背脊挺直。
在吸入氧氣的同時，也引進我需要的感受：
可能是平靜，從容，客觀，緩和等等。

第三個動作：
我進行一系列的**吸氣和吐氣**

在確認我們無法只吸氣不吐氣（倒過來也不行！）的同時，
無論這種呼吸持續多久的時間，
重點是必須有意圖和自覺「我吸入新的能量，吐出耗損的能量」
或者「我吸入平靜，吐出壓力」。

給孩子的版本

● 我需要你有著專注，觀察和傾聽的能力，把這些全部放進你的探索背包裡。你準備好了嗎？

● 開始之前，我希望你告訴我，你從鼻子吸進來的空氣，是進入鼻孔時比較新鮮，還是呼出來的時候比較新鮮？

● 現在，想像你兩邊的鼻孔就像兩座隧道，在鼻寶的附近會比較狹窄。如果你想像自己的呼吸，就像是一股氣流通過，你能不能感覺到空氣通過時隧道內壁有一點發癢？是靠近上面一點，下面一點，還是旁邊的位置？你可以改變隧道內的氣流方向嗎？

● 好，我們繼續。現在空氣通過你的喉嚨，將會在你的胸腔內擴散：你能不能探測到兩側的胸腔，在右邊以及左邊？

  你能不能向我描述胸腔的感覺？不行？你有沒有感覺你吸進來的空氣在胸腔內到處遊走探測？有？很棒，空氣有沒有來到你的背後？沒有？你看，我把手貼在你的胸口，你試著用氣息把我的手推開。太棒了！你看，我們也可以在你的背後做這個動作！你知道胸腔，它是有容量的？而且，就是因為它可以容納，我們才能把空氣送進聲帶，使我們能夠說話，唱歌，吼叫。來，你可以試試看！

● 現在，我們要注意力放在你的心臟上：你有沒有感覺到你的呼吸已經使心跳變得比較穩定？想像當你情緒激動，甚至恐慌的時候，你自己可以透過呼吸讓心臟平靜下來。心臟對於你送給它的禮物會很滿足，於是它就能夠告訴你的大腦，大家都冷靜一點，大腦接收到這個訊息，就會使你的全身都冷靜下來。

● 你能不能找到那條直達腹部的狹窄通道？我們稱之為「太陽神經叢」，你可以把它想像成一朵黃花，會自己張開又合起來。

● 我們來到你的腹部……這裡就像一個氣球，你可以讓它鼓起來又縮回去：你吸氣，肚子鼓起來；你吐氣，肚子就縮回去。你的氣球是什麼顏色？

● 而且你知道在你的肚子裡，什麼想法都沒有，整個安安靜靜。那些讓你害怕的胡思亂想，都在你的腦袋裡。你的肚子就像是山中的湖泊，平靜祥和。所以你可以隨便找個地方休息，坐在懶骨頭沙發或者迎著湖面的椅子上，躺在湖邊的軟墊上，或者乘著飛毯，駕馭著路過的飛鳥，心平氣和地在湖面上翱翔……這是你獨享的時刻，你想做什麼就做什麼……

以下是一些放鬆的提示，我們可以將它們錄下來，或者請別人幫我們念，然後自己照著做。我們也可以推薦給伴侶或者孩子，跟家人一起做。如果他們拒絕你的提議，並不需要堅持，因為說服別人不是透過堅持，而是把自己所相信的展現出來。

樹木放鬆法

- 舒舒服服地坐在椅子上，如果你寧可站著也行，雙腳穩穩踩在地上，手臂垂在身體兩側……閉上眼睛。

- 將一隻手擺在肚臍的位置……吸氣，使肚子充分鼓起來……吐氣讓肚子消下去，重複這個動作三次。

- 把注意力放在踩著地面的腳上……想像自己是一棵樹，樹根從腳底長出來要鑽入地面，鑽進很深的泥土裡……你的根在尋求土地的能量。

- 把肚子鼓到極限，在呼吸中感受到能量爬上你的腳，使腳放鬆……然後爬上你的腳踝，使腳踝放鬆……爬上你的膝蓋……你的大腿……你的肚子……你的背後……你的頸部……你的頭部……你的肩膀……你的手臂……你的手腕……來到你的手心一直到達你的指尖。

- 你的手完全放鬆，變得很重。

- 你要吸氣，然後慢慢地動一動你的手指……你的手……你的手臂並且完全伸展開來。等你準備好了，就可以睜開眼睛。

肌肉的放鬆

● 舒服地躺著,手臂靠在身側,掌心向上。

● 閉上眼睛,輕輕地、平靜地、規律地呼吸。

● 右手緊緊地握成拳頭⋯⋯你感覺得到張力⋯⋯然後把手張開完全放鬆。把注意力集中在右手的感覺上。

● 把右手貼在右肩上,收縮肌肉,感受一下張力然後放鬆,把手臂放回地面。

● 左手握拳,收縮肌肉,感受一下張力然後放鬆。

● 把左手貼在左肩上,收縮肌肉,感受一下張力然後放鬆,把手臂放回地面。

● 現在把注意力集中在額頭上,以皺眉的方式收縮肌肉。感受一下張力然後完全放鬆,感覺肌膚重新變得平滑。

● 試著用下巴觸碰你的脖子,感受一下張力然後慢慢放鬆,體驗脖子放鬆的感覺。

● 把肩膀提高到耳朵附近,收縮肌肉然後完全放鬆,重新體驗放鬆的感覺。

● 平靜地呼吸,吐氣然後將腹部往內縮,感受一下張力,然後一邊吐氣一邊放鬆你的腹部。

● 抬起右腿,感受一下張力然後放鬆,輕輕把腿放下。集中注意力去感受右腿的放鬆。

● 右腳指向地面,感受一下腳和小腿的張力,放鬆同時把注意力集中在放鬆的感覺上。

● 抬起你的左腿,感受一下張力然後放鬆,慢慢把腿放下。享受左腿放鬆的感覺。

● 左腳指向地面,感受一下腳和小腿的張力,放鬆同時把注意力集中在腳放鬆的感覺上。

● 現在專心放鬆你的全身,先從右腳開始,然後右腿,左腳,左腿,腹部,肩膀,頸部,臉部,左手臂,左手,右手臂和右手。感覺好像你的身體已經完全放鬆,平靜而沉重。

● 你要吸氣,而且一邊吐氣,一邊緩慢地動一動你的手指,你的手,你的手臂,然後將身體完全伸展開來。等你準備好了,就可以睜開眼睛。

EFT情緒釋放技巧

這個輕輕敲打穴位的技巧，
幫助我們在面對人際關係時更容易調整自己的情緒。

1 眉頭

2 眼尾

3 眼下

4 鼻下

5 下巴窩

6 鎖骨下

7 腋下

8 乳下

9 拇指

10 食指

11 中指*

12 小指

13 手刀點（手掌外側）

14 廣效點（位於無名指
　　和小指延伸的骨頭之間）

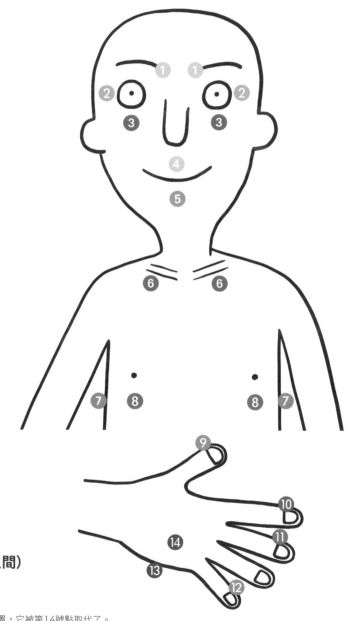

＊│無名指不是輕輕敲打的位置，它被第14號點取代了。

這個方法很簡單，可以練習的時機包括：
自己獨處的時刻，獨處之前或之後。

衡量自己情緒的強度，從0到10級。

首先輕輕敲打手刀點（第13號點），
同時重複說三次：
「即使我（簡短描述問題）……我完全地、由衷地接受。*」

輕輕敲打從第1號到14號點，
每敲到一個點，就說一句關於這個問題的短短的話。
輕輕敲打的速度要快，每個點敲打5到7次。

重新衡量，如果情緒的強度還很高，
那就再做一次，並且把問題說得更清楚。

以下是兩個需要釋放情緒的情境，以及如何說話的建議。
選擇左欄或右欄的其中之一，按照同樣的說法和動作一直做到最後。

害怕 跟他說	手刀 點	害怕他／她 不愛我
即使我 害怕跟他說…… （描述問題） 也沒有關係。		即使我害怕 他／她不愛我 而且最後會離開我， 我也完全接受。
我怕他／她 不了解我！	① 眉頭 	我怕他／她 對我完全沒有 感覺了。
他／她 不肯聽我說！	② 眼尾 	我不再吸引 他／她。

＊│說著奇怪的句子同時，輕輕敲打能量點是為了驅散所有相反的念頭，達到所謂「逆反心理」的作用。

3 眼下

他／她不聽
我的話。

我怕他／她
不愛我了。

4 鼻下

他／她不顧慮
我的需求

他／她
背叛我。

5 下巴窩

我怕自己
無力反駁。

他／她
愛上別人。

6 鎖骨下

無法為自己
辯解。

我怕他／她
離開我。

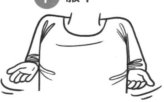

7 腋下

找不到
適當的字眼。

他／她
拋棄我。

8 乳下

無法向他／她
坦白一切。

他／她
拒絕我。

9 拇指

我害怕
他／她的
反應。

我害怕自己
孤孤單單。

10 食指

他／她
不同意。

沒有他／她
就活不下去。

11 中指

我們話
不投機。

再也見不到
他／她。

12 小指

我們最後
會吵起來。

見到孩子的
機會變少。

13 手刀點

我真的很怕
跟他／她
說話……

我怕他／她
不愛我了……

14 廣效點

而且他／她
不聽我說。

而且他／她
會離開我。

能量醫療體操

這一序列的肢體活動可以刺激我們的能量，
讓身體和大腦重新連結，幫助我們盡可能地調整伴侶關係和家人關係。

1 喝一大杯水

2 輕輕敲打

（大約10下）

鎖骨下　　　　　乳下　　　　　胸口上　　　　　腋下

3 按摩

  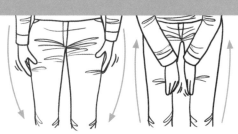

肋骨下方從中間往外　　　痠痛點　　　　從腰部到膝蓋（外側）
以及從膝蓋到腰部（內側）

4 交叉動作

（大約10下）

右手碰到右膝，　　　　右手碰到左膝，
左手碰到左膝　　　　　左手碰到右膝

5 交叉接觸

將右腳搭在左腳上，右手疊在左
手上，然後左腳搭在右腳上，左
手疊在右手上。
雙手在心臟部位相疊。
吸氣：舌頭抵住上顎。
吐氣：舌頭不抵住上顎。

雙手交握的分解動作
（手掌碰手掌）：

1  2 3

手指接觸 6

雙手的手指互相接觸，拇指在肚臍眼的位置，
在幾次呼吸之間把注意力集中在指尖的觸感上。

7 皇冠式牽引

從前額按摩到肩膀

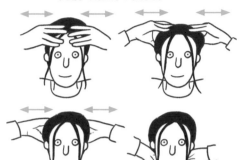

撐開天地 8

雙手搓一搓然後分開，
一手朝天，
另一手朝地，
眼睛往上看
（先做一邊然後
換另一邊）。

9 連續不停劃8字

從下往上做動作。

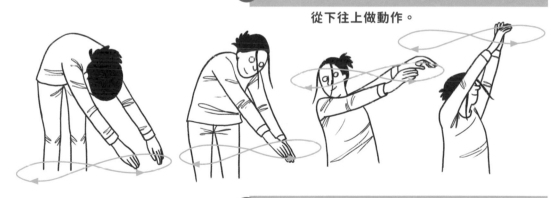

10 拉鍊式

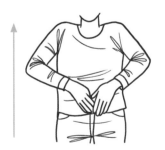

雙手從恥骨的高度舉到下巴
然後將手攤開。

溝通密技1：
用傾聽讓對方能夠表達

當伴侶需要傾吐他對某件事的想法，
或者反對的意見，我們的回應方式會影響到彼此關係。

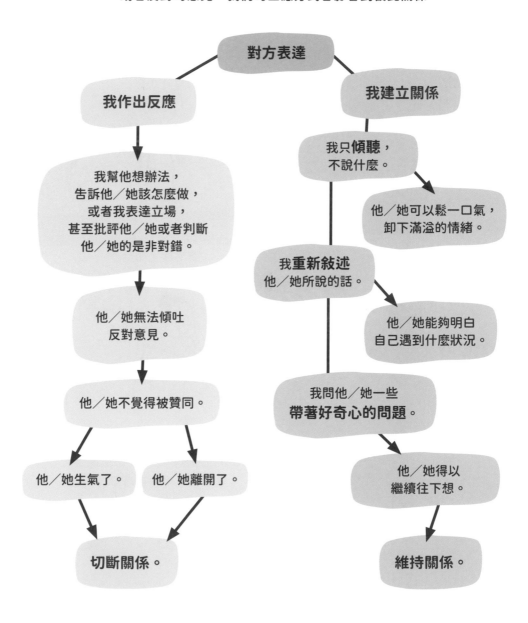

幫助對方表達，有一個小技巧：

對方來到我們面前。

我不知道工作上
遇到什麼狀況……

在腦海中提醒自己一件事(或好幾件事)。

如果他／她沒問我的意見，
就不要發表意見。

尤其是什麼
都別說。

不要
批評。

不要打斷
他／她的話。

專心傾聽而且表現出自己感興趣。

是喔？

太扯了！

哇！

重新敘述他／她說的話。

他跟我說我……

他竟然敢跟你說你……

提出一些出於好奇的問題。

當他對你這樣說的時候，
你有什麼反應？

讓他暢所欲言。

溝通密技2：
由「我」出發讓對方願意聆聽

爭吵過後，情緒尚未消散，我們還沒有辦法輕易地與對方有效溝通。
文字（簡訊、書信、電子郵件……）不失為一項有力的工具，
但對方能否接受的最大關鍵，在於表達時選擇用「我」還是「你」開頭。

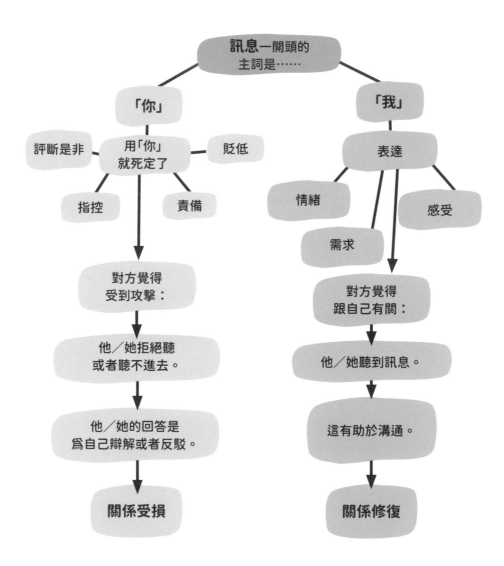

想透過傳送訊息來重新建立關係，有一個小技巧：

把訊息寫下來先不傳送出去，
彷彿對方就在眼前而且不會多問什麼，
把想說的話通通表達出來。

你剛才那種令人不舒服的說法真的惹我生氣。
你在孩子面前貶低我，
把我當成壞人。
你說出這種話，
他們怎麼會尊重我？

重新敍述這則訊息，把「你」換成「我」。

我剛才聽到這種說法真的很生氣。
我覺得自己在孩子面前被貶低，
好像被當成壞人了。
我擔心他們聽到這種話，
以後都不會尊重我了。

重讀這則訊息，當成是要傳送給自己的，
看看自己會有什麼樣的感覺和反應，
如果有必要，將它修飾一番再傳送。

我很抱歉剛才聽到你的說法後發了這麼大的脾氣。
但是我覺得自己在孩子面前被貶低，
而且我好像被當成壞人了。
我怕他們聽了這種話，以後再也不會尊重我。
我希望我們好好談談，不要生氣。

正向教養的3R

掌握這項關鍵性的工具*，
可以在一言不合、緊張升高、發生衝突之後，
用它來修補關係，前提是先確認我們有沒有好好地跟自我連結。

R 承認 (Reconnaître)

> 我承認
> 剛才情緒失控。

> 我沒有成為
> 自己理想中的父母。

> 我沒有想清楚
> 就脫口而出。

> 我無論如何
> 都不該對你動手。

> 我剛才真的吼得太大聲了，
> 諸如此類。

R 和解 (Réconcilier)

> 對不起！

> 這件事請你原諒我。

> 對此我很抱歉。

R 解決 (Résoudre)

> 我們可以怎麼做
> 來避免這種情況
> 再度發生？

> 誰可以
> 幫助我們……？

> 我們要
> 怎麼安排……？

＊│ 正向教養有一整套步驟，其中包含了許多工具，這項3R工具正是其中的一項。

在日常生活中
修補關係

當伴侶與家庭關係受損已經有一段時間，
我們採取補救措施同樣需要花一段時間，
也就是把握日常生活中各種零碎的片刻。

同理與關懷別人

更溫和的言語

更輕柔的動作

更微妙含蓄的關心

更關心的問題

這種時候就要採用印象派繪畫的技巧，
透過輕巧的筆觸，讓氣氛逐漸修正。

你的約會
進行得如何？

你今天早上
過得好嗎？

你昨天晚上
過得好嗎？

你的背痛
有沒有比昨天好一點？

你一直在等的那通電話
終於打來了？

看得出來窗戶很乾淨，
謝謝你的辛苦，
我知道這很花時間。

你想按摩的時候跟我說，
我答應過你，
你需要的時候再告訴我。

如果你現在要去慢跑，
我可以照顧孩子到午餐為止。

你有空的時候跟我說，
我們兩個可以出去走走。

檢視依附關係：
火柴人活動

這是一個簡單又好玩的活動，
我們可以用它來檢討跟伴侶和／或孩子之間的依附關係，
切斷有害的連結。

1 把一張紙橫放，在紙的左邊畫一個火柴人……這代表我。然後我把自己的姓名寫在下面。

2 在紙的右邊畫一個火柴人，代表我的伴侶或者孩子，或者任何跟我關係密切的人。然後我把那個人的姓名寫在下面。

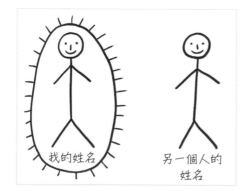

3 我用一個光圈圍繞著我的小火柴人，代表這對我來說是最好的

＊｜依附並不是愛，我們要切斷的只是依附性的連結，因為這會阻礙我們在關係中感到自由。

4 我用一個光圈圍繞著他的小人，代表這對他來說是最好的

5 我用一個光圈把整張圖圍起來，代表這對我們兩人來說都是最好的。

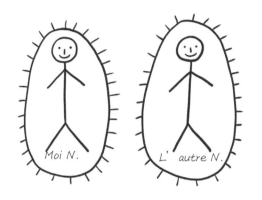

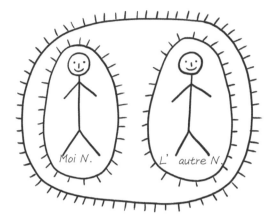

6 我畫出七條有自覺或不自覺的依附線，這些線連結著我們的能量中心。從最底下的那一條線開始畫，依序是：

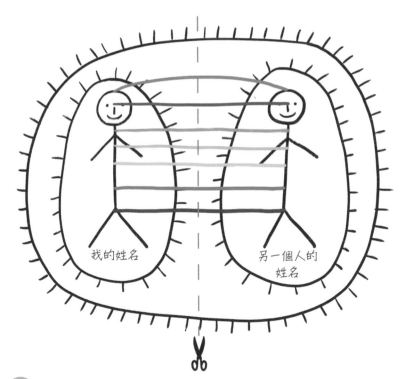

1 基本需求

2 活著的喜悅，
活著的力量

3 情感，
對自我的信心

4 對於自己
和他人的愛

5 溝通

6 對自我的認知，
本能

7 智慧，信念

7 我拿起剪刀，由下往上將這些連結線一條一條剪斷，每剪斷一條線就深深吐一口氣。

我們可以選擇如何處置這兩張紙（揉一揉，扔掉，甚至燒掉）。怎麼做並不重要，因為該做的已經做了，這些連結被切斷了。

　　光憑一份清單，如何能夠完備齊全？這份長長的書單是我們在計畫出書之前，以及撰寫的過程中，逐漸取得並且讀過的書。對我們而言，最能夠啟發、解惑、引導的書都列在上面了。我們排除了比較偏重技術或者專業的作品，希望推薦給讀者的書，是能夠在各領域就一個複雜的主題提供簡要有趣的介紹，或者可說是好的通俗作品。

正向教養與阿德勒學說

Jane Nelsen, *La Discipline positive*, Le Toucan, 2012. （簡‧尼爾森，《溫和且堅定的正向教養》，遠流，二〇一八。）

Rudolf Dreikurs, *Le Défi de l'enfant,* Robert Laffont, 1972.（魯道夫‧德瑞克斯，《孩子的挑戰》，書泉，二〇一二。）

Rudolf Dreikurs & Eva Ferguson, *Introduction aux principes adlériens*, Le Toucan, 2017.

伴侶關係

Gary Chapman, *Les Langages de l'amour*, Éditions de poche, 2019. （蓋瑞‧巧門，《愛之語》，中國主日學協會，二〇二一。）

Gary Chapman, *Les Saisons du mariage*, Farel, 2006.

John Gray, *Réinventer le couple au XIXe siècle*, J'ai lu, 2019.

Joan Garriga, *Envie d'aimer*, Solar Éditions, 2014.

Serge Hefez, *La Danse du couple*, Hachette, 2003.

Harville Hendrix, *Le Couple, mode d'emploi*, Imago 2008.

Carla & Carlo Trippi, *Grandir et Guérir grâce au couple*, Jouvence, 2013.

親子關係

Myla & Jon Kabat-Zinn, *Être parents en pleine conscience*, Les Arènes, 2019. （麥菈‧卡巴金、喬‧卡巴金，《正念父母心》，心靈工坊，二〇一三。）

Florence Leroy, *Couple sous tension*, Eyrolles, 2019.

腦神經科學

Daniel J. Siegel, *Le Cerveau de votre enfant*, Les Arènes, 2015.

Daniel J. Siegel, *Le Cerveau de votre ado*, Les Arènes, 2018.

Tina Payne Bryson & Daniel Siegel, *La Discipline sans drame*, Les Arènes, 2016.

情商

Marshall B. Rosenberg, *Les Mots sont des fenêtres (ou ce sont des murs)*, La Découverte, 2016.

Thomas d'Ansembourg, *Cessez d'être gentil, soyez vrai*, 2001.

Daniel Goleman, *L'Intelligence émotionnelle. Accepter ses émotions pour développer une intelligence nouvelle*, J'ai lu, 2014. （丹尼爾・高曼，《EQ》，時報，二〇一六。）

EFT（情緒釋放技巧）

Gary Craig, *Le Manuel d'EFT. Pour apprendre à se libérer des souffrances émotionnelles et psychologiques*, J'ai lu, 2016.

Agnès Pauper, *Apaiser son enfant grâce à l'EFT*, Hachette famille, 2018.

放鬆

Elie Snel, *Calme et attentif comme une grenouille*, Les Arènes, 2012. （艾琳・史妮爾，《平靜而專注，像青蛙坐定》，張老師文化，二〇一八。）

Patricia Loiseau-Joussot & Lucien Gresson, *Textes de relaxation et de visualisation*, La Martinière, 2006.

David O'hare, *Cohérence Kid, la cohérence cardiaque pour les enfants*, Thierry Souccar, 2018.

本書作者的網站：
www.anne-claire-psy.fr
www.lyndacorazza.com

相關網站：
www.disciplinepositive.fr
www.coherence-cardiaque.com
www.braingym.fr
www.papapositive.fr
www.adozen.fr
www.apprendreaeduquer.fr

《圖解孩子的失控小劇場》臉書專頁
提供心得交流與應用程式下載：
www.facebook.com/
PetitDecodeurEnfantEnCrise/

　　要經營深刻的親密關係，常要先辨認出，存在於各自身上的不健康依附。我們因為尋求認可，以及對關係和諧的誤解，在關係中失去自我，以換取親密是常見的事。所以自我連結不能遺忘，持續內省也才好深化覺察。閱讀是一個好方法，那是照顧好心靈的一個根基。跟自己有溫暖的連結，進而才能衍生出幸福的關係。

——洪仲清（臨床心理師）

　　親密關係易碎，常需修補呵護！無論家務、爭執、冷落、孩子、魅力漸衰，這些恐懼撕裂你我的心，這本書將協助你檢視關係現況、並且專注問題解決的方式，重振關係力！

——黃之盈（暢銷作家／諮商心理師）

　　愈親密的關係愈容易衝突，每件日常小事都可能啟動一場戰爭。本書用幽默風趣的圖解，幫助關係中的你立即消火，平息戰事，歌舞昇平。

——劉中薇（知名作家／編劇／講師）

圖解伴侶的衝突小劇場

自我診斷婚姻關係與家庭相處的難題，用正向溝通打造神隊友，化衝突為重修舊好的契機

Petit décodeur illustré des parents en crise

作　　者	安－克萊兒·克蘭迪恩 (Anne-Claire Kleindienst)
繪　　者	琳達·柯瑞芝 (Lynda Corazza)
譯　　者	彭小芬
美 術 設 計	郭彥宏
內 頁 構 成	高巧怡
行 銷 企 劃	林瑀、陳慧敏
行 銷 統 籌	駱漢琦
業 務 發 行	邱紹溢
營 運 顧 問	郭其彬
責 任 編 輯	張貝雯
總 編 輯	周本驥
出　　版	地平線／漫遊者文化事業股份有限公司
地　　址	台北市松山區復興北路331號4樓
電　　話	(02) 2715-2022
傳　　真	(02) 2715-2021
服 務 信 箱	service@azothbooks.com
網 路 書 店	www.azothbooks.com
臉　　書	www.facebook.com/azothbooks.read
營 運 統 籌	大雁文化事業股份有限公司
地　　址	台北市松山區復興北路333號11樓之4
劃 撥 帳 號	50022001
戶　　名	漫遊者文化事業股份有限公司
初 版 一 刷	2021年11月
定　　價	台幣450元

© First published in French by Mango, Paris, France-2020
Complex Chinese translation rights © 2021 by Horizon Books, imprint of Azoth Books Co., Ltd.
arranged through Peony Literary Agency
All rights reserved.

漫遊，一種新的路上觀察學
www.azothbooks.com
漫遊者文化

大人的素養課，通往自由學習之路
www.ontheroad.today
遍路文化·線上課程

國家圖書館出版品預行編目 (CIP) 資料

圖解伴侶的衝突小劇場：自我診斷婚姻關係與家
庭相處的難題, 用正向溝通打造神隊友, 化衝突
為重修舊好的契機/ 安- 克萊兒. 克蘭迪恩(Anne-
Claire Kleindienst) 著； 琳 達. 柯 瑞 芝(Lynda
Corazza) 繪；彭小芬譯. -- 初版. -- 臺北市：地平線
文化, 漫遊者文化事業股份有限公司, 2021.11
　　面；　公分
譯自：Petit décodeur illustré des parents en crise
ISBN 978-626-95084-1-9(平裝)
1. 婚姻 2. 兩性關係 3. 衝突管理 4. 溝通
544.3　　　　　　　　　　　　　　　110017261